SHAPING THE GAME

新官上任

——领导者成功转型的沟通艺术

〔加〕迈克尔·沃特金斯 著

李黎明 译

商务印书馆

2008年·北京

Michael Watkins

SHAPING THE GAME

The New Leader's Guide to Effective Negotiating

Original work copyright ⓒ Michael Watkins

Published by arrangement with Harvard Business School Press.

图书在版编目(CIP)数据

新官上任——领导者成功转型的沟通艺术/〔加〕沃特金斯著;
李黎明译. —北京:商务印书馆,2008
ISBN 978-7-100-05688-5

I. 新… II. ①沃…②李… III. 领导艺术 IV. C933.2

中国版本图书馆 CIP 数据核字(2007)第 183932 号

所有权利保留。
未经许可,不得以任何方式使用。

新 官 上 任
——领导者成功转型的沟通艺术
〔加〕迈克尔·沃特金斯 著
李黎明 译

商 务 印 书 馆 出 版
(北京王府井大街36号 邮政编码 100710)
商 务 印 书 馆 发 行
北京瑞古冠中印刷厂印刷
ISBN 978-7-100-05688-5

2008年6月第1版　　开本 700×1000 1/16
2008年6月北京第1次印刷　印张 14½
印数 5 000 册
定价: 30.00 元

商务印书馆—哈佛商学院出版公司经管图书翻译出版咨询委员会

（以姓氏笔画为序）

方晓光　盖洛普（中国）咨询有限公司副董事长
王建铆　中欧国际工商学院案例研究中心主任
卢昌崇　东北财经大学工商管理学院院长
刘持金　泛太平洋管理研究中心董事长
李维安　南开大学商学院院长
陈国青　清华大学经管学院常务副院长
陈欣章　哈佛商学院出版公司国际部总经理
陈　儒　中银国际基金管理公司执行总裁
忻　榕　哈佛《商业评论》首任主编、总策划
赵曙明　南京大学商学院院长
涂　平　北京大学光华管理学院副院长
徐二明　中国人民大学商学院院长
徐子健　对外经济贸易大学副校长
David Goehring　哈佛商学院出版社社长

致 中 国 读 者

  哈佛商学院经管图书简体中文版的出版使我十分高兴。2003年冬天,中国出版界朋友的到访,给我留下十分深刻的印象。当时,我们谈了许多,我向他们全面介绍了哈佛商学院和哈佛商学院出版公司,也安排他们去了我们的课堂。从与他们的交谈中,我了解到中国出版集团旗下的商务印书馆,是一个历史悠久、使命感很强的出版机构。后来,我从我的母亲那里了解到更多的情况。她告诉我,商务印书馆很有名,她在中学、大学里念过的书,大多都是由商务印书馆出版的。联想到与中国出版界朋友们的交流,我对商务印书馆产生了由衷的敬意,并为后来我们达成合作协议、成为战略合作伙伴而深感自豪。

  哈佛商学院是一所具有高度使命感的商学院,以培养杰出商界领袖为宗旨。作为哈佛商学院的四大部门之一,哈佛商学院出版公司延续着哈佛商学院的使命,致力于改善管理实践。迄今,我们已出版了大量具有突破性管理理念的图书,我们的许多作者都是世界著名的职业经理人和学者,这些图书在美国乃至全球都已产生了重大影响。我相信这些优秀的管理图书,通过商务印书馆的翻译出版,也会服务于中国的职业经理人和中国的管理实践。

20多年前,我结束了学生生涯,离开哈佛商学院的校园走向社会。哈佛商学院的出版物给了我很多知识和力量,对我的职业生涯产生过许多重要影响。我希望中国的读者也喜欢这些图书,并将从中获取的知识运用于自己的职业发展和管理实践。过去哈佛商学院的出版物曾给了我许多帮助,今天,作为哈佛商学院出版公司的首席执行官,我有一种更强烈的使命感,即出版更多更好的读物,以服务于包括中国读者在内的职业经理人。

在这么短的时间内,翻译出版这一系列图书,不是一件容易的事情。我对所有参与这项翻译出版工作的商务印书馆的工作人员,以及我们的译者,表示诚挚的谢意。没有他们的努力,这一切都是不可能的。

哈佛商学院出版公司总裁兼首席执行官

万季美

本书献给

肖娜和我的孩子们——艾丹、梅芙和尼尔

前言	I
致谢	V
导言	1
成功地扮演新领导者的角色	4
利用"北极星"指引自己前行	8
本书概览	14
第一章 了解谈判的条件	17
分析谈判结构	18
分析谈判过程	34
总结性评论	45
第二章 站在战略的高度进行谈判	47
简单的谈判与复杂的谈判	48
战略原则	51
谈判战略矩阵	57
运用这些原则	60
第三章 将谈判战略与实际情况相匹配	63
关系：你的谈判对手与你只是进行一种一次性的交易，还是存在着一定的关系？	69
冲突：你们是想达成一笔交易还是要解决一场争端？	75
收益：你们是在分割一块固定大小的馅饼还是在做大这个馅饼？	80

权力:谁拥有签订协议的权力？…………………………… 89
　　　联盟:谈判是只包括两方还是包括更多方？……… 95
　　　关联:这些谈判是否与其他谈判之间存在着
　　　　　联系？ ………………………………………………………… 99
　　　总结性评论 …………………………………………………………… 103
第四章　制订计划以了解和影响谈判对手……………… 107
　　　利益与选择 …………………………………………………………… 111
　　　在谈判桌旁了解对手 ………………………………………… 113
　　　了解的方式 …………………………………………………………… 115
　　　框定（和再框定）………………………………………………… 119
　　　影响选择 ……………………………………………………………… 126
　　　通过多渠道施加影响 ………………………………………… 130
　　　处理好两种主要矛盾 ………………………………………… 131
　　　总结性评论 …………………………………………………………… 134
第五章　引导谈判游戏……………………………………………… 137
　　　确定目标 ……………………………………………………………… 142
　　　制定战略 ……………………………………………………………… 144
　　　作好组织工作对谈判施加影响 ………………………… 145
　　　制定议事日程 ……………………………………………………… 147
　　　实施框定 ……………………………………………………………… 152
　　　选择论坛 ……………………………………………………………… 155

创立联盟 ·· 157
　　　利用各谈判间的联系 ································ 161
　　　造势 ·· 163
　　　总结性评论 ·· 165
第六章　作好准备,提升自己 ······························ 167
　　　本性与后天培养 ···································· 169
　　　艺术与科学 ··· 171
　　　新手与专家 ··· 172
　　　认真地进行学习 ···································· 174
　　　投资于技能培养计划 ····························· 178
　　　推进组织的改进 ···································· 182
　　　总结性评论 ··· 188

结语 ·· 189
注释 ·· 193
推荐阅读 ·· 203
作者介绍 ·· 207
译后记 ·· 209

前　　言

我曾经写过一本关于加速转型过程的书——《最初的90天》(*The First 90 Days*)，因为我觉得领导力方面的文献实在是还有太大的欠缺。虽然有许多书是关于领导力这个大的主题的，但对于如何加速自身的转型以适应新的领导职位的需要却鲜有真知灼见。我希望这本《最初的90天》能够做到这一点。但我不知道需要弥补的这个缺口究竟有多大。所以当我发现有那么多的领导者都通过阅读这本书并在实践中应用其中的原则而获益匪浅的时候，我获得了一种巨大的满足感。

为什么我要用一本为新领导者准备的关于谈判的书来把我的这种努力继续下去呢？因为我现在对这一观点深信不疑，即成功的转型与成功的谈判是密不可分的。在我开始撰写那本关于转型的书之前，我就已经研究并教授谈判很长时间了。我在这一领域的工作对于我思考如何帮助领导者加速自身为适应新角色而进行的转型产生了很大的影响。

前言

从我在20世纪80年代末期研究新产品开发团队中所进行的谈判开始,经过20世纪90年代初在肯尼迪政府学校(Kennedy School of Goverment)对于世界上一些伟大的外交家,例如詹姆斯·贝克(James Baker)、罗伯特·加卢奇(Robert Gallucci)、理查德·霍尔布鲁克(Richard Holbrook)、西蒙·皮雷(Shimon Peres)等人为期六年的研究,到在哈佛法学院的谈判项目(Program on Negotiation)中教授谈判和在哈佛商学院讲授我的"企业外交"这门课程,谈判这一主题一直是我不变的追求,我对它始终充满着激情。因此,在写作关于领导力方面的作品时把谈判思维融入进来对于我来说是非常自然的事情。这也是为什么在《最初的90天》一书中有"谈判成功"(Negotiating Success)和"创建联盟"(Creating Coalitions)这两章的原因。

自从那本书出版以来,我就得到了在一些世界一流的大公司中教授加速转型过程的课程以及与来自各行各业和不同文化的众多新经理人一道工作的机会。我发现这些经理人非常渴望能看到更多的,尤其是关于新领导者该如何应对各种复杂且关键的挑战方面的书。事实上,那些读过《最初的90天》这本书的人问我最多的就是关于谈判以及与谈判密切相关的问题,比如影响力和构建联盟的问题。他们说:"你已经激起了我的欲望,但主菜是什么呢?""我如何在我所担任的新角色中成功解决期望和资源问题?我如何才能让我的一些能使我尽早赢得人心的动议获得支持?我如何才能妥善地处理好与企业内、外部的一些有重要影响的人物之

间的关系,从而为成功打下一个良好的基础?"

　　这本书便是我对这些问题所作的答复。它深入地研究了《最初的90天》中提到的,但没有得到妥善解决的一些关键问题,并为有效地解决它们提供了一个框架和工具。尽管本书将重点放在了新领导者如何应对谈判这一问题上,然而书中所涉及的基本原则却适用于非常广泛的谈判情境——从决定一家人应该去什么地方度假到进行最复杂的兼并谈判。

　　如果有人因担任新角色而感到不知所措,而要想成功地扮演这一角色又主要取决于谈判的能力,那么看到这本书,请你振作起来吧!

迈克尔·沃特金斯
马萨诸塞州牛顿
2006年1月

致　　谢

写作本书的灵感来自于那些教我如何思考谈判的人。首先我要提到的,同时也是最重要的一位便是霍华德·拉伊法(Howard Raiffa)。他是谈判分析领域的泰斗,也是我的良师益友。正是他教会了(至少是尽力去教)我如何去处理复杂的问题,如何看清炫目的现象下所隐藏着的本质。霍华德在决策分析和谈判分析领域所做的工作,尤其是他撰写的那部有着开创性意义的著作——《谈判的艺术与科学》(*The Art and Science of Negotiation*)对我产生了巨大的影响。

其次我要提到的是吉姆·西贝尼厄斯(Jim Sebenius),他才华横溢,有着与霍华德·拉伊法一样的智慧。在吉姆身上,我们可以看到两种事物完美而又少见的结合:其一是学术界里最为推崇的几种品质——自律、严谨和创造力;其二是我所有幸见到的最为实用的战略思维。吉姆与他的搭档戴维·拉克斯(David Lax)共同撰写了一本叫做《作为谈判家的管理者》(*The Manager as Negotiator*)的著作和一系列

致谢

的文章,它们深深地影响了我对本书这一主题的思考。吉姆还把我从肯尼迪政府学校带到了哈佛商学院,并为我在那里的工作提供了巨大的支持。

我还要衷心地感谢我原来在哈佛法学院谈判项目、肯尼迪政府学校以及哈佛商学院工作时的同事,我从他们那里有幸学到了谈判的艺术和科学,他们是玛乔丽·阿伦(Marjorie Aaron)、马克斯·巴泽曼(Max Bazerman)、乔·鲍尔(Joe Bower)、乔尔·卡切尔-格申费尔德(Joel Cutcher-Gershenfeld)、卡兰·德弗罗(Charan Devereaux)、罗杰·费希尔(Roger Fisher)、布赖恩·霍尔(Brian Hall)、罗伯特·劳伦斯(Robert Lawrence)、布赖恩·曼德尔(Brian Mandell)、罗伯特·麦克塞(Robert McKersie)、布鲁斯·巴顿(Bruce Patton)、汉纳·赖利(Hannah Riley)、杰斯沃尔德·萨拉丘斯(Jeswald Salacuse)、古汉·苏布拉马尼安(Guhan Subramanian)、马尔科姆·索尔特(Malcolm Salter)、拉里·萨斯坎德(Larry Susskind)、威廉·尤里(William Ury)、保罗·瓦勒(Paul Vaalor)、理查德·沃尔顿(Richard Walton)以及迈克尔·惠勒(Michael Wheeler)。

另外,我还要对一些优秀的谈判家致以深深的谢意,他们无私地与我分享了他们的许多见解和想法,尤其是罗伯特·艾洛(Robert Aiello)、詹姆斯·贝克、约翰·埃克特(John Eckert)、彼得·加尔布雷斯(Peter Galbraith)、罗伯特·加卢奇、昆廷·海姆(Quentin Helm)、理查德·霍尔布鲁克、史蒂文·霍尔茨曼(Steven Holtzman)以及西蒙·皮雷。

最后我要说的是,如果没有丹·钱帕(Dan Ciampa)对我的鼓励,我是不可能开始对为适应新的领导职位所进行的转型以及谈判在此过程中的作用进行研究的。我在写作《从头开始》(*Right from the Start*)一书时的经历不仅使我对这一主题产生了浓厚的兴趣,还将我带进了创作书稿这个奇妙的世界。对于这一经历以及由此为我带来的友谊,我将永远心存感激。

导　言

领导力归根结底是一门关于"如何施加影响力"的科学。要想当好领导者,你必须懂得如何对隐藏于组织中的诸多潜能加以利用,并能够通过有效地对其加以引导来实现你期望的目标。毕竟,你一个人势单力薄,单靠你自己的力量很难有大的作为。

这样来看,领导力的实质首先便在于找到组织所拥有的潜能,它存在于组织的员工、人际关系、技术、产品、系统以及结构之中。其次,便是要确定如何激活这些潜能并将它们有效地整合起来。伟大的领导者是行动的催化剂;在看似混乱、复杂的人类组织中,他们可以促成一致的行动并创造一种目的感。

尽管创造一种有力的新活动模式对于原有领导者来说是非常困难的事情,然而这对于刚刚担任这一角色的新领导者来说却是尤其重要的。为什么呢?因为当你担任一个新的领导角色时,通常你都不了解有哪些潜能是你可以加以利

导言

用的；你也不知道哪些目标是人们渴望已久，并且是可行的。直到你明确了这些问题后，你才能为你自己的工作设定好目标并动员其他人向着这个目标进军。这里，很关键的一点是，你缺少与组织中其他的一些有着巨大影响力的人的关系，而要想得到他们的支持与配合就必须建立并处理好与他们的关系。

在我研究领导力并帮助领导者加快适应其新角色的十年间，对于什么才是真正关键的因素，我的观点发生了很大的转变。早先，我认为，新领导者通过制定合理的战略，构建正确的结构，以及创立得当的系统便可以树立起自己的影响力。我看待转型这一问题的方式就如同一位工程师看待一个具有挑战性的设计问题一样——我建议领导者要树立正确的目标，制定一个支持性的战略，调整组织的架构使其与目标保持一致，并判定应该着力关注于哪些项目，从而尽早在新组织中确立起自己的地位。

然而，随着我对于处在转型过程中的领导者所面临的现实的深入理解，我逐渐地意识到，关系是一个至少和对潜能的利用同等重要的因素。这种认识使我在思考如何帮助领导者在充满挑战色彩的新角色上获得更大的力量时，把关系及其所能调动起来的能量提到了最重要的位置上。

当然，这并不是说战略、结构和系统就不重要了；通常来讲，它们也都是非常关键的因素。但如果你想要制定合理的战略，构建正确的结构，并创立得当的系统，你首先就必须在关系方面取得成功。这意味着新领导者必须与那些有影响

导言

力的人物建立起信任,与他们在目标上达成共识,确保他们能尽其所能地协助你实现那些目标。通过关系来确立影响力是使领导者尽快适应其新角色的一个重要基础。

换句话说,我逐渐地意识到,谈判是领导者为适应其新角色而进行转型时所运用的最重要的技能。顺便说一句,我所指的谈判不是就一个二手车的买卖所展开的讨价还价,而是在一个关系网中创造并获取价值的这样一个更加广泛意义上的谈判。[1] 正如我们随后将要详细讨论的那样,这种对谈判的理解主要是把关注焦点放在新领导者如何与有影响力的人物达成一致(可以是正式的协议,也可以是一种默契),从而实现一种互利的结果上。同时,它也重点强调了花精力去建立并维持那些关键的关系的重要性。

这里,你也许会问,权力对于处于转型过程中的领导者来说是否可以为其所用呢?为什么我们这样强调影响力,而对正式的权力却只字不提呢?从传统意义上讲,我们所讲的权力是指由于一个领导者所处的地位而使他们拥有的作出某些重要决策和指挥人们采取某些行动的权利,而这种权力在当今的世界已经变得十分少见了。越来越扁平化的组织以及矩阵式的组织结构使得领导者在组织中所处的地位的重要性显著地降低了。当前的现实是,如果哪个新领导者认为他的地位将使他拥有作出重大变革的权力,那么他很快便会使自己陷入到一种困境之中。而明智的领导者应该把权力(或者说在其所处的新组织中作出变革的能力)看成是通过其本人与其他的一些有影响力的人物达成的共识和实现

导言

的和谐而得以形成并维持下去的。

而本书的基本主题便是高效能的领导者如何通过谈判而在其新的角色中取得成功。因为如果你不能成为一个高效能的谈判家,那么即便是你拥有最好的分析和规划,你也将一无所获。决定你能否在新角色中取得成功的关键性因素,如与你的新上司保持步调一致,调整并利用你的团队,与一些人结成联盟以使他们支持你的倡议,以及与客户和供应商打交道,归根结底都是如何与组织内、外的一些有影响力的人物进行有效谈判的问题。你所处的地位越高,有效谈判的重要性也就越高,这其中一部分原因在于你所作出的决策的影响更大,还有一部分原因则在于你所要面对的人的影响力也更大。

成功地扮演新领导者的角色

为了说明成功地向新角色转型所要面对的挑战,让我们先来看看一位正准备接手一个新角色的有着丰富经验的经理人保罗所面临的挑战。当我们第一次见到保罗的时候(保罗的故事将贯穿本书),他正在与三家公司就应聘销售副总裁一职进行着谈判。尽管看起来保罗为其新工作所进行的谈判与其一旦获得这一新职位后所需要进行的谈判之间似乎没有太大的联系,然而事实上,这次应聘过程中他与未来的上司之间所进行的交流将对他的声誉和未来的人际关系产生极大的影响。这次应聘谈判还将不可避免地影响到公司对他的业绩期望以及未来他在新职位上开展工作所能获

导言

得的资源。他在正式被录用前所进行的这些对话将会为他接手工作后所发生的所有事情打下基础。正是由于看清楚了这样的事实，保罗从考虑从事一份新工作的那一刻起就开始了自己的转型过程。

为了能成功地担任销售高管的这一角色，保罗付出了大量艰苦的努力以打好基础。大学毕业以后，他先后在两家公司担任销售代表，工作业绩非常突出，他也因此而信心倍增。在发现了保罗的能力后，他现在任职的公司把他晋升为公司的销售经理，负责一些较大地区或重要地区的销售工作。随后，他花了一段时间学习了营销方面的一些技能。三年前，他被任命为公司的一个最大地区的销售主管。现在，保罗已经拥有了将近十年的销售经验，他觉得他担任一个中等规模公司销售副总裁的时机已经成熟了。

由于保罗认为在他现在任职的公司中机会太有限了，因此他来到了人才市场。在对众多公司进行了详细的研究并与其招聘负责人进行了无数次的电话沟通后，保罗将最终的选择范围锁定于三家公司——我们姑且将这三家公司称做甲公司、乙公司和丙公司。甲公司是这三家公司中最大的一家，也是最成功的一家。而且公司有过将拥有出色才能的销售人员晋升到公司高管层的先例，这正是保罗极为看重的一点。如果他能得到这份工作的话，他将到甲公司的第二大事业部去担任销售副总裁，而这一事业部在其所处的行业里是非常具有竞争力的。所以，甲公司为保罗提供了一个能在这样一个组织中工作的机会：这个组织拥有辉煌的成功史；有

导言

培养领导者的传统；如果他做得比较成功的话，还有机会得到升迁。

在其他条件相同的情况下，甲公司应该是保罗的首选。他已经经历了几轮的面试，但该公司的招聘负责人至今也没有给他最终的答复。保罗认为公司可能正在与多位应聘者进行着谈判，还没有最终决定选择哪一个。

乙公司在规模上要比甲公司小些，然而其实力却比甲公司逊色不少。事实上，公司的经营状况正在恶化。公司的销售副总裁最近刚刚被解雇，但公司 CEO 意识到问题不仅仅是出在销售职能上，他正积极地采取措施对公司进行重新定位。如果保罗来到乙公司的话，他将担任整个组织的销售副总裁，因此他可以在不受公司总部任何干扰的情况下独立地实施其计划（在甲公司就做不到这一点）。而且，在公司的经营状况处于下滑的时期加盟公司使他有些热血沸腾，因为他觉得这是使自己扬名立万的天赐良机。当然，他也担心事情进展得不顺利将会给他未来的发展所带来的负面影响。谁想因为让一个经营状况处于下滑过程中的企业彻底崩溃而成名呢？保罗虽然至今也仍然没有得到来自乙公司的最终答复，但他相信，如果他在这个公司上多下些工夫，被录用将是必然的事。

丙公司则是一家规模较小、易管理的公司，它非常想得到保罗，并且已经向他发出了邀请。由于丙公司是一家小公司，因此在这个公司中保罗所能产生的影响力将远远超出销售这一领域，而这将为其在未来担负起全面的管理职责打下

导言

良好的基础。然而,这是建立在丙公司的老板不是一个喜欢独揽大权的人这一假设条件之上的,而这也正是保罗担心的问题。而且,丙公司为他开出的薪酬价码要远远低于他认为甲公司和乙公司可能会为其开出的价码,而再想把这个价码提高也是一件不大可能的事。

于是,保罗所面临的第一个谈判挑战便是他应该选择哪家公司,以及他应该如何通过谈判来使对方为他开出可能的最高价码。而一旦就任于他的新职位,他还要忙于与周围的人进行各种类型的谈判(见图1),而这些人的支持对于他工作的成功可以说是至关重要的。由于他想在其上任的初期就给周围的人带来一种好印象,因此他必须:

- 和他的新上司进一步地讨论公司对他抱有哪些期望以及能赋予他哪些资源;
- 同那些与他职位相当的人建立起关系,并通过沟通获得他们的支持和资源;
- 为他的整个销售团队确立目标、期望,并制定激励措施;
- 从一些有影响力的人物(例如甲公司总部中的一些人以及乙、丙公司的CEO)那里获得支持以推进其采取的一些重大变革措施。
- 缓和一些紧张的关系,并与某些关键的客户达成重大的交易。

如果保罗能够有效地应对这些挑战,那么他就会在新角

导言

色上确立起自己的地位,而且还会为未来更大的成功打下坚实的基础。但如果他不能有效地应对这些挑战,他将会陷入一种难以摆脱的困境之中。简而言之,保罗能否成功地扮演好他的新角色,主要依赖于在他上任后的关键的前几个月中所表现出的应对这些挑战以及其他众多谈判挑战的能力。

图1 新领导者所要进行的各类谈判

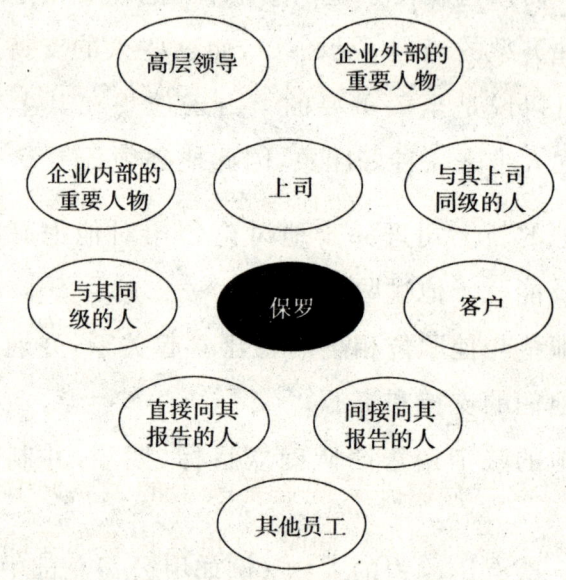

利用"北极星"指引自己前行

对于保罗以及身处于这种转型之中的任何人来说,都应该将培养起一种通过谈判来进入新的领导角色的正确思维作为出发点。如果你不能为自己设定一个正确的目标,那么你就不能期望你所进行的谈判会富有成效;这就意味着在你

导言

自己的意识里,你必须对你自己的目标和方法有一个清楚的认识,同时也要对你所追求的最终结果以及为获得这样的结果所采取(或不采取)的手段有一个明确的概念。

在上任初期的几个月与其未来潜在的员工所进行的谈判中,保罗应该在哪些方面努力做到成功呢?为了实现其自己的目标,他应该做些什么,又不应该做些什么?

通过对成百上千位处于转型期的领导者所进行的研究,我逐渐得出了这样的结论,即在新领导者所进行的每一次谈判中,他们都应该去努力实现四个目标。这四个目标合在一起,便构成了指引新领导者前行的"北极星"。如果你时刻不忘关注它们,你就不会迷失方向。因此,我建议你在应对转型期间所进行的各类谈判时,都应该努力实现以下这些目标:

1. 要尽可能最大程度地创造价值。这意味从转型期的一开始你就要不知疲倦地工作,从而判定在诸多对你的成功起着至关重要作用的关系(包括组织中的关系以及与组织外某些关键人士的关系)中双方可能实现互惠的潜力。同时,这也意味着你要确定你和哪些人在利益上存在着一致性,以及你应该和哪些人寻求合作,从而利用好你的这些潜在能量来源为你所要实现的目标服务。

2. 要从创造出来的价值中获取适当的份额。这意味着你要保证与其他的一些有影响力的人物所达成的协议必须有利于推进你自己的工作进程。毕竟,你有很

导言

多重要的目标要去努力实现。尽管为他人提供帮助可能会在日后给你带来回报，然而你也不可以太为他人着想。你需要为自己的利他行为设定一个限度，并严格地去执行它，以免你的精力都被耗在去帮助别人实现他们的目标上。

3. 要建立并维持一些重要的关系。这意味着你不应该过多地获取谈判中所创造出来的价值，因为这样可能会破坏你与谈判对手之间的关系。这也意味着你不应该被对方感觉到你是在操纵谈判，并且完全是在为自己的利益着想。要知道，关系建立起来难，损害起来却非常容易。要想赢得对方的信任尤其困难。一旦丧失了对方的信任，那么要想重树这种信任感将非常不易，或者说根本不可能。

4. 要增强你个人的可信度。这意味着你要将自己塑造成为一个意志坚决、思维创新且值得信任的谈判者的形象。这也意味着你应该把你所参加的组织内、外的每一次谈判都看成是一次树立和巩固你自己的声誉的机会。一个良好的声誉对于处于转型期的领导者来说是一项无价的资产，在每一次与人打交道的过程中你都必须竭力去树立并维护它。

如果说上述这些建议对于所有领导者来讲都是适用的而不论他们身处怎样的环境，可能有些武断。但对于处于转型期的新领导者来讲，由于其所面临的特定的挑战，这四个目标却是他们必须去努力实现的，否则他们将只能遭遇失

导言

败。为什么会这样呢？因为新领导者通常在关系和声望方面没有什么可以利用的资本。一位已经是德高望重的领导者也许可以冒着有损于个人资本的风险而在目标和方法方面作出一些变化。但新领导者在其上任初期却万万不可采取可能会给一些关系造成损害或是给一些关键人物对其的看法带来负面影响的行动。人们通常是通过极少的一点资料和信息便形成了对新领导者的看法。而这种看法一旦形成，则很难发生改变。

上面我们所提到的四个目标中的每个都对应着一些陷阱，我们很可能会身陷其中。善于获取价值而不善于创造价值会使你陷入对蝇头小利的计较之中。谈判者可能非常担心自己被对方所利用，因此在谈判中他们通常采取谨慎的防御态度，从而不能与对方通力合作来为双方创造共同的价值。由于新领导者觉得他们自己在新角色中处于比较弱势的地位，因此他们常常是把注意力更多地放在防备他人上。他们抱着对他人充满猜疑的态度守护着他们拥有的资源，不愿意利用他们周围存在着的机会去创造大家共同的利益。

而如果是善于创造价值却不善于获取价值，你便会处于一种你来栽树而他人乘凉的境地。通过富有灵感的交易而建立起两家成功的制药公司的史蒂文·霍尔茨曼（Steven Holtzman），将他的成功归因于其所拥有的平衡价值创造与价值获取的能力："首先，你必须证明你们合力在做的是一件有价值的事，是在'挖一桶金子'。然后，你必须与其他人展开对话：'先生们，我们需要确定我们在收益预期方面是否是

导言

大致相同的。'"[2]对于新领导者在向新角色转型过程中所进行的所有谈判,这样的基本原则同样都是适用的。仅仅善于同他人一道创造价值是不够的,你必须能够获取并利用合理的一部分价值来实现你自己的目标。

如果不重视关系,你就会将自己置于孤立的境地,而这对于一个新领导者来说将是一种致命的状况。良好的商业关系对于正在进行的交往来说是一副重要的润滑剂。它创造了一个资源库,在你需要的时候,你可以对其加以利用。它为跨期的互利交易("如果下次你能够在价格方面给我一定的优惠的话,那么这次我将在送货方面为你提供一定的便利")和风险共担协议("你需要锁定一个最小收益额;如果你同意我在未来的利润分成中获取更多的份额的话,那么我愿意为你设定一个最小收益额")创造了机会。如果你在一次交易中为自己设定了太过有利的条件,就会使对方对你心存芥蒂,从而使他们不会全力地去履行协议内容,并会寻求在下次交易中将上次的损失弥补回来。如果你正在监督别人代表你或你的组织所进行的谈判,你同样也应该注意确保他们不至于去杀鸡取卵。

最后要说的是,一名谈判者的声誉建立起来难,失去却非常容易,而要想重新恢复则极其困难。如果你想树立起一个意志坚决、思维创新且值得信任的谈判者的形象,那么你在建立你的声誉的过程中就不可以犯太大的错误。思维创新会为你开启互利的新机遇。值得信任会帮助你将与其他人的关系维持下去。意志坚决会让你获取你所创造的价值

导言

中你应得的份额,成功地对付那些难以对付的谈判对手。记住,你既要持续地创造价值,更要持续地获取价值。正如杰出的美国外交家罗伯特·加卢奇所说:"伟大的谈判家从来不会忘记他们的目标。他们的目标不是谈判本身,而是期望从谈判中所获得的结果……达成协议是很简单的事,你所要做的就是与对方去协商。真正难做的事是得到你想要得到的。"[3]

对于保罗以及其他处于转型期的领导者来说有什么启示呢?他不应该无视这样一个事实,即在很大程度上,是由他未来潜在的员工基于他在应对这些谈判时的表现来决定是否雇用他的。员工们肯定会问:"如果我们雇用了他,那么他会同上司、与他同级的人、下属、客户、供应商以及其他的一些关键人物如何相处呢?从他应对这些谈判的方式中是否可以看出些端倪呢?"这样,保罗便陷入了一种两难的境地。如果他在谈判中表现得毫不让步,他们便会觉得"他是不是太强势了"。如果他在谈判中表现得不够强硬,他们又会觉得"他是不是太软弱了?"而如果保罗能够遵循我们上面所提到的四个北极星目标来进行谈判的话,那么他的做法便会让员工们感到很得体。

总之,你在向新的领导者角色转型的时期的谈判目标是尽可能地创造最大的价值,并获取可持续的最大价值,同时要悉心呵护一些关键的关系,还要维护好自己的声誉。这看起来似乎是很简单明了的。的确是这样。然而,难就难在细节上,难在你如何利用谈判来实现这些目标。

13

导言

本书概览

本书下面的部分将为你提供你所需要的战略和工具，以便使你能在担任新领导者角色时做得更为出色。下一章将为你提供一个基本的词汇表，其中的词汇是用来分析你所要进行的众多谈判的。拥有了这些词汇，你便拥有了理解谈判结构和影响谈判动态进程的工具。

为了实现上面我们所提到的四个北极星目标，需要制定一个战略。第二章在这些词汇的基础上，勾勒出了一个制定这一战略的框架。本章提出了四个关键的原则，它们将指导你制定自己的战略。这四项原则是：

> 让你的战略与你所处的情况相匹配；
> 了解并影响你的谈判对手；
> 主导你所参加的这些谈判"游戏"；
> 从你所进行的每次谈判中都学些东西。

随后的几章对这四项战略性原则进行了深入的探讨。第三章详细介绍了如何将战略与特定的情况相匹配。根据你对于你所要应对的谈判类型的判断，给出了与之相对应的适当战略从而使你创造并获取价值。本章主要指出了各种类型谈判之间存在的差异，并重点强调了根据谈判类型相应地调整你的谈判方式的必要性。这一个充满着差异性的世界。例如，同你的上司就你的期望及你所拥有的资源问题所进行的一对一的谈判，就与同其他许多有影响力的人物就发起一场重大的组织变革所进行的谈判有着很大的差异。在后一种情况下，与一些特别有影响力的人物建立起一种关系对你来讲是非常关键的；而在同你的上司所进行的谈判中，关系似乎并不那么重要。

　　第四章的核心观点是，新领导者既要了解其谈判对手的心态，又要影响他们的心态。本章对于如何完成这两个关键的任务提供了详细的建议，探讨了如何才能更好地从谈判对手那里获得有价值的信息，比如说关于他们的利益的信息，以及你如何才能以一种着重强调潜在的联合收益的方式对于哪些问题对他们来讲至关重要进行更为有效的框定。本章还强调了了解你的谈判对手是如何看待他们所面临的选择以及努力去影响他们对这些选择的看法的重要性。

　　第五章重点说明了你怎样通过影响谈判的结构来主导这场谈判游戏。既然是主导谈判游戏就意味着不是被动地作为一个旁观者坐在一边，而让对方来掌握谈判的主动权。在谈判中，谁来界定游戏规则，谁就拥有了很大的优势。一个优秀的谈判家从来不会把这种主动权拱手让给其他人。

　　最后，第六章着重分析了通过学习从而使你自己更擅长于谈判，你个人以及整个组织将会得到哪些好处。虽然天生的能力的确对一个人能否成为一名伟大的谈判家起着重要的影响作用，但它并不是决定性的因素。我所有幸结识的许多伟大的谈判家基本上都是通过长期的学习、通过在各种具体的谈判情境中不断实践才逐渐成为高效能的谈判家的。他们还全身心地致力于谈判艺术和科学的研究之中。本章

导言

将教你如何制订你自己的谈判技能提高计划。

我们将通过保罗——这位有着远大抱负的销售经理——在经历诸多转型期时的一些经历来对一些关键的概念进行阐述。通过聚焦我们唯一的这位主角在对付上司、下属、客户以及其他重要利益相关人时的经历,你会发现,他的这些经历结合在一起就为你提供了一个加速向新领导者角色转型的强大的工具箱。别忘了,能否有效地应对这些挑战可能会决定你在新领导角色上是否会取得成功。

第一章　了解谈判的条件

如果你对于将要碰到的各类不同类型的谈判缺乏一个清楚的了解,那么你就不要指望在新角色上取得成功。在我看来,蹩脚的谈判者所犯的最常见错误便是采用一种"以不变应万变"的谈判方式。他们没有意识到谈判有许多种不同的类型,且根本不考虑他们所面临的特定的形势,在任何情况下都固执地采用同样的战略。他们的这种做法为一句古老的格言作了很好的注解:"在一个手握锤子的人眼下,任何事物看起来都像是钉子。"

犯下不考虑谈判的具体情况而采取一种单一策略的错误是可以理解的,但却是非常危险的。领导者们经常掉进这样的陷阱之中,因为他们在早期所学到的一些谈判方面的知识都是关于某个特定背景下的谈判的,例如销售谈判、供应商管理谈判和商业开发谈判。随着时间的推移并通过不断的试错,他们逐渐形成了一种非常适合于那种特定的背景下的谈判风格。而由于忽略了这样一个现实,即在一种类型的

第一章

谈判中非常有效的方式在其他类型的谈判中可能会起到极坏的相反作用,他们可能会在其他背景的谈判下也乱挥其手中的"锤子",却没有意识到如果改用"改锥"或"扳钳"可能会有更好的效果。

我们想要表达的含义是,作为一个正在扮演着新角色的领导者,由于在其新角色中会遇到各种不同类型的谈判,因此你必须对每种谈判都要认真分析,了解它们的本质特征,并相应地制定你的战略。对于谈判来讲,没有什么"放之四海而皆准"的方法;在一种情况下效果非常好的方法换到另外一种情况下可能不起任何作用。

为了成为一名善于变通的谈判家,你必须掌握如何识别和分析不同类型的谈判。为了帮助你做到这一点,本章将为你提供一些分析工具。我们将通过对保罗在签约前与他的三个潜在雇主——甲、乙、丙公司进行谈判时所面对的挑战的讨论,来对一些关键的技巧进行说明。你应该把这些技巧运用到你所要参加的每一次谈判中,无论是工作谈判还是私人谈判,直至它们成为你的一种"思维习惯"。

分析谈判结构

分析谈判问题可以从谈判结构入手,也可以从谈判过程入手,关键在于出发点是什么。这就如同医学中的解剖学和生理学一样。研究人体的一种方式就是观察其主要的结构元素:骨头和器官。而另一种方式便是分析使生命成为可能的动态过程:呼吸、血液循环和消化。正如解剖学和生理学对于我们了解人体提供一种具有互补性的观点一样,结构分析和过程分析也是我们分析谈判的两种互补性的方法。

为了分析某个特定谈判的结构,你应该关注以下六个要素,[1] 它们共同界定了谈判的"解剖学"的内容——这里所指的谈判包括从最简单的双方讨价还价的场景到我们所能想象的最为复杂的情况。这六个要素是:

> **谈判方和谈判议题**。谁参与谈判?他们要讨论什么问题?

> **谈判方拥有的选择和迫使他们采取行动的事件**。谈判各方如何看待他们所面临的选择?是什么促使他们作出决策?

> **利益和权衡**。谈判各方关心的是什么?他们愿意作出怎样的取舍?

> **信息和不确定性**。哪些人了解哪些信息?这些信息对于其战略和讨价还价的资本会产生哪些影响?

> **立场和条件包**。谁提出了怎样的一些要求?为什么会提出这样的要求?

> **价值创造和价值获取**。为谈判双方创造联合价值的可能性有多大?各方获取一定份额的价值的可能性又有多大?

谈判方和谈判议题

你应该从明确谈判方和谈判议题出发开始你的分析。谈判总是要有两方或多方的参与,他们都在寻求对某些议题

第一章

达成一致意见的可能性。谈判各方既可以是个人,也可以是组织。在保罗的例子中,其未来的薪酬问题就是谈判的议题,而他和来自甲、乙、丙三家公司的负责招聘活动的代表就是谈判的各方。

谈判方的数量可以是两个,也可以若干个。如果参与谈判的不止两方,那么各方之间结成的联盟可能就会在决定谈判走向方面起到一个至关重要的作用。同样,谈判的议题也既可以是一项,又可以是多项。

在最简单的谈判中,两个谈判方针对单一的一项议题展开谈判。而在最复杂的谈判(例如国际贸易协议谈判)中,上百个谈判方要就上百个议题进行谈判。随着谈判复杂程度的增加,谈判者会更加善于分析谈判和应对谈判,这会使他们获得战略上的益处。

当几个组织之间进行谈判时,通常各方之中都会有一些参与者对谈判起着影响作用。你必须确定他们是谁并了解他们是如何作出决定的。虽然是否雇用保罗的决定在很大程度上取决于他在每个公司中未来的上司的意见,但其他的一些利益相关者的意见对这一决定的影响程度也不可小视。

要分析参加一项谈判的各方,你应该创建一张谈判方示意图,就像图1-1所示的根据保罗所遇到的情况绘制的示意图。这样做的目的不只是要确认哪些谈判方是有着潜在的巨大影响力的,同时也是为了弄清楚他们的目标和利益有哪些不同之处。图中的圆圈代表不同的个人,三角形则表明在每个组织中都有多人共同影响组织内部的决策制定。从保罗的角度来看,他现在对于其各个潜在雇主的用人决策是如何制定的必须有更深入的了解。与组织内部决策制定过程相伴的常常是参与决策制定的人分别追逐着具有极大差异的目标。保罗越是了解这些利益,他就越能就公司对他的期望目标、他所能得到的资源以及他被雇用的条件等问题进行有效的谈判。

图 1-1 谈判方示意图

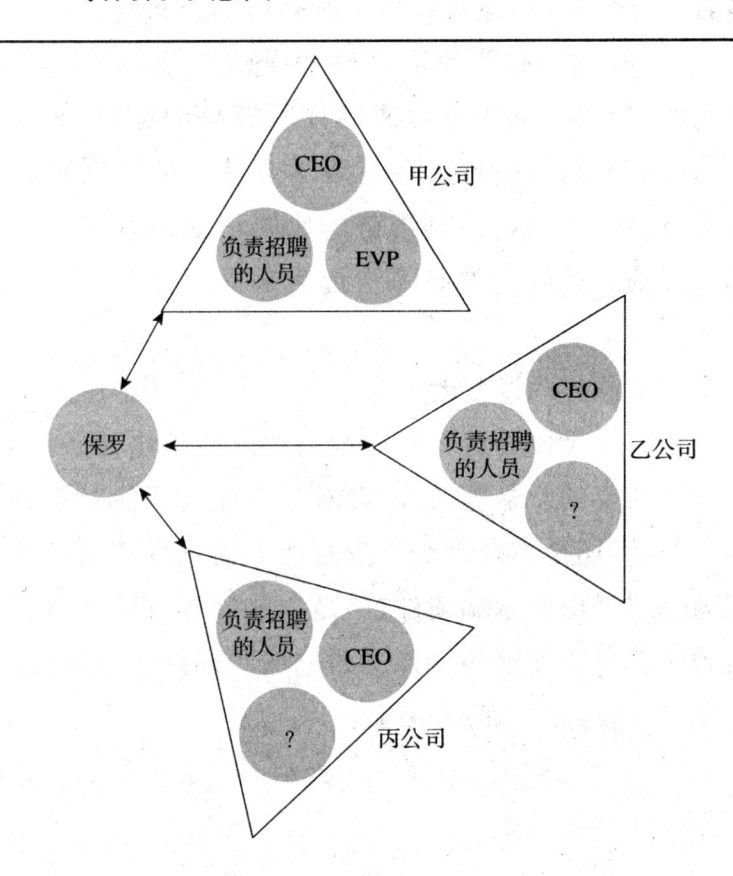

第一章

谈判方拥有的选择和迫使他们采取行动的事件

其次,要把关注焦点放在谈判方对于他们所面临的选择的看法上。每个来参加谈判的人事先都会对谈判可能无果而终作好了准备。他们可以选择离开而不达成任何一笔交易,也可以选择和其他人进行谈判,还可以选择按兵不动,坐看事态发展,甚至可以选择提起一场诉讼。[2]你所拥有的选择越多且"质量"越高,你在谈判中所拥有的讨价还价的资本就越大,你也就越不必非要达成某个特定的交易。这里,我们要指出的一点是,你不应该忽略你所拥有的选择,而应该尽量寻求改善它们。而且你还应该学会从你的谈判对手的角度来看待你们之间的谈判形势。他们是如何看待他们所拥有的选择的?他们会采取哪些行动来提高他们的选择的质量?

像保罗这样的谈判者经常会面临图 1-2 中所示的一系列基本选择。是接受对方在当前的要约中提出的条件,还是发出一个新要约?是等一等,看看是否能够诱使对方给出更优惠的条件,还是不打算继续进行谈判而选择离去?是应该接受丙公司开出的薪酬条件,还是应该等等看甲公司和乙公司是否能开出更优惠的条件?如果保罗选择后一种做法,丙公司撤回其要约的风险有多大?

图 1-2 谈判者比较典型的几种选择

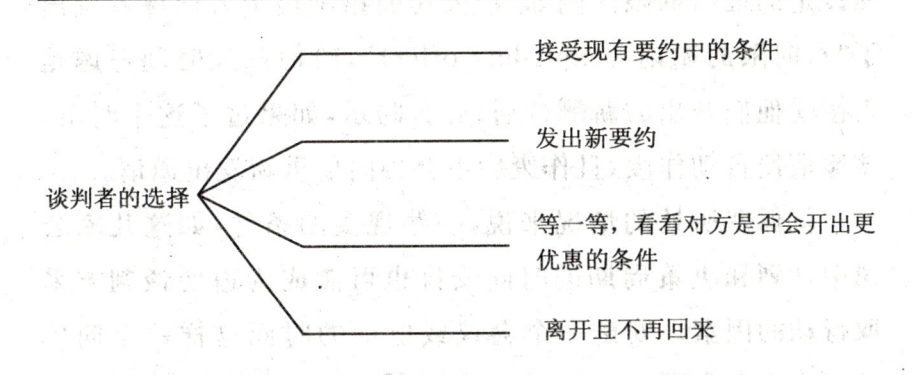

```
                        ┌──── 接受现有要约中的条件
                        │
                        ├──── 发出新要约
谈判者的选择 ───────────┤
                        ├──── 等一等，看看对方是否会开出更
                        │     优惠的条件
                        │
                        └──── 离开且不再回来
```

请注意，与保罗进行谈判的人也面临着相似的选择。甲公司的招聘人员可能正在考虑是向保罗发出聘用邀请，还是向另一个应聘者发出聘用邀请看他是否会接受这一工作，并让保罗继续等待消息，抑或是告诉保罗他已经彻底被淘汰出局。

当双方都决定选择接受而不是离开或等待时，协议便达成了。但是，最容易作出的选择经常是等等看。是什么使谈判最终得以结束？交易成本和机会成本可以发挥很大的作用。对于保罗来说，继续进行谈判的代价是非常高昂的，这体现在两个方面：一是他需要做许多工作以便为谈判所讨论的内容作准备；二是他找工作的时间拖得越长，他因此而丧失的本可以获得的薪酬就越多。

迫使谈判方采取行动的因素也能影响谈判者对于各种选择的看法，从而刺激他们在困难的条件下作出一种选择。这些因素迫使谈判者放弃采取"等等看"的态度，从而明确地选择到底是与对方达成交易还是与对方说再见。这类因素

23

第一章

包括双方共同商定的最后期限,也可以是由其中的一方单方面设定的最后期限。例如,甲公司的招聘负责人向保罗发出了"有时限的邀请(exploding offer)",给他几天时间考虑是否接受他们开出的薪酬待遇;并且暗示,如果过了这个时限,该邀请便自动作废,且作废后不会再向他重新发出邀请。

就保罗所处的情况来说,一些现实的条件,如这几家公司中计划和决策周期的时间安排也可能成为迫使谈判方采取行动的因素。安排一个会议或电话的时间这样一个简单的行为都会有助于问题的向前发展。如果能够得到合理的利用,迫使谈判方采取行动的因素可以成为影响谈判者对各种选择的看法的重要工具。它们可以促使谈判双方意识到已经到了他们真正需要作出最终决定的时刻了。

利益和权衡

一旦你对谈判的各方及其所面临的选择都有了较为深入的了解,下一步就要重点关注利益与权衡问题了。保罗正在就一系列特定的问题与其对手进行谈判,但实际上他所做的事情就是表明他的利益所在。所谓利益就是你所看重的东西,是你通过谈判想要获取的目标。例如,保罗可能寻求得到一份更加诱人的薪酬待遇(谈判的议题),但是他之所以有这样的追求是因为他想在短期内维持一种特定的生活方式或在长期内确保其在经济上能更加有保障(他的利益)。

虽然谈判有时只涉及一个单一的议题,例如一台车的价

了解谈判的条件

格或一份工作的薪水,但大多数情况下,一项谈判是涉及很多的议题的。在这种情况下,谈判各方都有可能通过跨议题的交易获利。为了发现可能达成的交易,你必须清楚地了解你自己以及你的谈判对手的利益所在。

由于保罗与其潜在的雇主是就待遇问题进行谈判,因此薪水肯定是一个谈判议题。但是,上班日期、奖金、假期以及其他的一些福利可能也很重要。为了能在谈判中取得比较好的结果,保罗必须弄清楚这些议题对它的重要程度,也就是说他必须对这些议题的重要性作出一番权衡。对于他来说,多获得额外一周假期的价值可以抵得上多少薪水的价值?多了更高的业绩提成比例,他愿意放弃多少固定薪水?

如果保罗并不清楚各种问题在他心目中所占据的相对权重,那么他就无法进行有效的谈判。这是为什么?因为甲公司对于这些问题的重要性会有自己的一个排序。这非常好,因为这样的话,在双方之间便可能存在着一种互补的需求,而这种需求会促使双方最终达成互利的交易。甲公司可能愿意提供给保罗一种更偏重于以绩效为基础的奖酬办法,从而使其固定成本保持在一个较低的水平。但如果保罗不清楚自己的利益所在,他便无法发现他与甲公司之间可能达成的互利的交易,因此他可能会丧失许多原本可能获得的价值。

同时,保罗还应该遵循威廉·尤里在《无法说不》(*Getting Past No*)一书中所提出的建议,"站在对方的角度上",考虑一下他的谈判对手是如何看待他的利益的,以及他们会在相

第一章

关的各种利益之间作出怎样的取舍。[3]这是非常重要的,因为它可以帮助你发现你们之间潜在的互补性——这种互补性使得你可以作出一些对你来讲比较容易,而对对方来讲却是非常有价值的让步;或是使对方作出一些对他们来讲比较容易,而对你来讲却是非常有价值的让步。

图1-3中所示的利益议题图是一种归纳总结利益(包括你的利益和你的谈判对手的利益)评估的工具。横行表示谈判的各方,纵列表示各方所关注的问题。箭头所指的方向代表了各方对于某一特定问题的一种态度:积极的态度,箭头向上;消极的态度,则箭头向下。箭头的数量表明了他们的愿望的强弱。

对于保罗与甲公司之间的这场谈判,这张图告诉了我们什么?从表面上来看,他们的利益存在着冲突。保罗想得到更多的工资、奖金和假期,同时也希望在他正式开始工作之间能给他一段时间;而甲公司所希望的却恰恰与此相反。但这种想法忽视了谈判双方分配给各个问题的权重。相对于控制奖金水平,甲公司更希望把工资水平限制在一个较低的水平上;而保罗却更看重奖金而不是工资。如果保罗和甲公司都能清楚地了解到这一点,那么这将会促成他们之间达成一笔互利的交易,即保罗以接受较低的工资为代价来换取较高的绩效奖金。

图 1-3 利益议题图

谈判方		议题			
		工资	奖金	假期	报到时间
	保罗	↑↑↑	↑↑↑↑	↑	↑↑
	甲公司	↓↓↓↓	↓↓↓	?	?

图中的问号还告诉我们，保罗尚需了解一些东西。他还不清楚甲公司在提供假期和令其来公司报到的时间上是怎样的态度。所以，利益评估还将帮助他确定这些议题的优先级。保罗应该在一个合理的成本水平上，尽力去了解甲公司对于这些问题的重视程度。

最后我们要说的是，如果你是代表一个组织去进行谈判，那么不要忘了把你的利益分析进行扩展，从而将一些有影响力的内部各方的利益考虑进来。你在代表一个组织进行谈判时所面临的一个巨大的风险是，组织内部各方利益的差别没有得到承认和解决就仓促进行谈判。结果会怎样呢？你会受制于要满足内部各方利益的需要，这将使你在与外部谈判对手的谈判中获取和创造价值的能力受到严重的束缚。

信息和不确定性

当你对面临的选择和自己的利益有了深入的了解之后，便可以将注意力转向信息了。哪些人了解哪些情况？知道什么相对来说更有价值？像所有的谈判者一样，保罗正处于

第一章

诸多不确定性条件之下;他并不拥有他想掌握的关于他的谈判对手的全部信息,尤其是对方的利益和能够接受的底线,以及他们所进行的其他谈判的进展情况。这意味着他必须通过积极的努力去获取这些信息,这种努力既包括与对手直接打交道时进行的了解,也包括在远离谈判桌时对信息的搜罗。

有句古老的格言:"信息就是力量。"这句话对于谈判来讲是千真万确的。事实上,拥有丰富的信息和多个不错的选择可以成为在谈判中讨价还价的重要筹码。为了说明这一点,我们假设保罗非常有能力,他甚至拥有了来自这三家公司的谈判对手在利益和能够接受的底线方面的全部信息,然而他的这些谈判对手对这些却全然不知。

这将使得形势以两种方式朝着有利于保罗的方向发展。首先,他会在是否进行谈判以及应该与谁进行谈判这两个问题上作出明智的决定,因为他知道双方是否有可能在某些方面达成一致。其次,他能够非常准确地把握他可以开出的条件以及可以作出的让步,因为他知道他的谈判对手最多能给出多少。如果他拥有了这种强大的信息优势,那么我们预计他一定会让最终达成的协议逼近其谈判对手能够接受的底线。

为了对比起见,我们再来看看另外一种情况。在这种情况下,保罗和他的谈判对手都对对方的利益和能够接受的底线了如指掌(这是不可能发生的情况)。我们想想谈判过程会是怎样的一种状况呢?首先,交易是否能够实现将会是显而易见的。因此，谈判双方会很快作出决定是否将谈判继续下去。其次，这种情况下的谈判过程将与谈判双方对彼此的需求都不太确定时的谈判过程大不相同。我们预计，他们将不会像惯常的情况那样花费大量的时间用于讨价还价；取而代之的是，他们会着力通过达成互利的交易，而使谈判的成果最大化，并通过公平的分配程序来分享这一成果。他们会就怎样才算"公平"进行一番论战，很可能最终会在他们各自能接受的底线中间寻找到一个折中点。

由此，我们得出的结论是：信息是有价值的；或者更准确地说，你拥有的关于你的谈判对手的信息多于他们拥有的关于你的信息是有价值的。由于你所面临的不确定性要小于你的谈判对手所面临的不确定性，因此你对谈判的过程就有着更高程度的掌控。这告诉了我们一个道理：拥有比你的谈判对手更加高效的学习能力是使你在谈判中获得优势的一个源泉。兼并与收购领域的一位功成名就的专家罗伯特·艾洛也告诉我们："要对信息高看一等。"[4]

立场和条件包

下一步，我们将关注谈判各方所拥有或可能采取的立场。在罗杰·费希尔和布鲁斯·巴顿合著的那本具有重要影响力的著作《达成一致》（Getting to Yes）中，他们告诫谈判者"应该关注利益，而不是立场"。这一建议在通常情况下是合理的，但并不绝对。

要想知道为什么是这样，你必须先知道什么是立场，以

第一章

及它与利益有什么不同之处。谈判者的立场是指他对讨论中的全部或部分议题所提出的要求。保罗与甲公司所进行的谈判中,保罗的立场或许是:他不能接受低于这样一个数字的奖酬水平,即 X 美元的固定薪金加上潜在的 Y 美元的奖金。

费希尔、尤里和巴顿担心谈判者会过于看重他们的立场,而忽视了其与他们的利益之间的联系。如果保罗太过坚持他自己的立场,那么他就无法看到采取一种不同的总体薪酬方案会更好地满足他的利益需要。大量的研究也已经证明,当谈判者过于固执地坚守自己那并非无懈可击的立场时,通常会导致不良的后果。[5]

为了帮助保罗免于掉入这一陷阱,《达成一致》一书的作者会建议他去分析其谈判对手的利益,并仔细考虑他自己的利益,看看是否存在一些创造性的方式使得双方能够达成协议并实现共同的利益。但是,对于最好是重点关注立场还是利益这个问题来说,这并不是最终的结论。为什么这么说?因为尽管"重点关注利益而非立场"在很多情况下都是一条非常有用的经验法则,然而有一点是非常肯定的,那就是在某些情况下它并不是最佳建议。

假设你在一个存在着激烈争端的背景下进行着谈判,例如与供应商正在进行着诉讼调解。你方与对方不仅彼此互不信任,而且还互相抱有敌意,这可能是因为长期以来累积的诸多怨恨和彼此间相互伤害的行为严重地破坏了双方之间的关系。

这是否意味着你们之间就不能达成互利的交易呢？很幸运，其实并不是这样。死对头之间也经常可以在缺乏信任的情况下找到合作的方式。然而，死对头之间的协议很少是通过双方之间对相互利益的仔细讨论和整合而达成的。相反，他们之间会找到一些他们都能够接受的立场。在这种情况下，最佳建议是"重点关注立场而非利益"。

谈判中所采取的立场以条件包（即对于各类议题所提出的一揽子条件）的形式体现出来。就保罗的例子来说，条件包界定了他希望公司为换得他的服务所提供给他的总"价值"。尽管有时一项议题接一项议题地谈判更合理，然而这只是例外的情况，并不是普遍规则。通常把所有议题一并拿出来讨论效果更好，因为这使得你可以给对方发出一种信号，告诉他们你愿意达成怎样的交易。另外，通过你的谈判对手对于其他的条件包所作出的反应，你也可以了解他们愿意接受什么样的交易。

价值创造和价值获取

分析谈判结构的最后一步是评估通过该谈判创造价值和获取价值的潜力。这是非常重要的一步，因为谈判者经常只是关注价值的获取问题，却忽略了创造价值的潜力这一问题。当你听到"谈判"一词时，首先想到了什么？对于许多人来说，谈判一词让他想起了在市场中所进行的讨价还价或购买一部汽车时的场景。

在人们的头脑中出现这些场景的同时，还经常伴随着这

第一章

样一种感觉:"我真的不喜欢谈判"。事实上,那些喜欢进行艰苦的讨价还价的人大都是因为觉得他们肯定会被对方索要高价才那样做,他们都不愿意与一个比他们有着更丰富经验和更多信息的对手打交道。

幸运的是,讨价还价这种情况只是谈判的一种类型,并不是谈判最普遍的类型。更准确地说,讨价还价这种情况是一种"零和"博弈,这张"饼"的大小是固定的,因此你的对手多获得一美元,你就要损失一美元,反之亦然。它有时也被称做是"赢—输"谈判,但这种叫法是没有道理的,也是容易误导人的。为什么这么说呢?因为如果双方能够达成这样的一种交易,即买方愿意支付的价钱高于卖方能够接受的底线,或卖方愿意接受的价格低于买方能够接受的底线,那么达成交易会比不达成交易为双方带来更多的好处。在这种情况下,达成了一种"双赢",问题不过是谁赢得更多些。

如果你果真身处一种"零和"谈判中,那么你所应该做的事便是尽力为自己一方获取最大的价值。在一个关于一台二手车的谈判中,这意味着对于买方来讲,要尽可能地支付最少的钱;对于卖方来讲,则要尽可能地获得最多的钱。在这种现有的关系起不到任何作用的情况下,谈判双方可以毫不掩饰地追求本方价值的最大化,他们可以利用善于砍价的人所使用的一切工具,例如虚张声势、胡吹乱夸,或是威胁要离开,等等。

对于那些不喜欢讨价还价的人来说幸运的是,"零和"谈判只是一种例外,并不具有普遍性。对于大多数人以及所有刚刚担任新角色的管理者来说，他们所参加的很多关键的谈判都会涉及一些现有的关系。因此，可持续性是一个必须考虑的因素；正如我们后文中将要讨论的那样，这对于谈判者应如何以最好的方式应对谈判进程有着深远的影响。

此外，大多数的商业谈判都不是一种"零和"博弈。保罗正在进行的关于薪酬的谈判不是，他以后担任新角色时可能参与的谈判很可能也都不是。这些谈判都牵涉诸多议题，也涉及众多的谈判方——他们通常拥有不同但却是互补的利益。这就意味着你常常能够发现一些可以创造价值的互利交易的机会。换句话说，你可以找到某些方式，从而使你和你的谈判对手都能够获得好处。对于大多数人来说，参加这种类型的谈判（在涉及现有关系的背景下创造价值并主张价值）是他们非常愿意的。

当然，在谈判中创造价值并不意味着在谈判这个领域中善良和仁慈会大行其道，羊羔可以与狮子和睦相处。因为即便有机会把"饼"做大，由此而产生的价值仍然必须在多个参与者之间进行分配。创造价值和获取价值的过程通常是并行的，这使得事情变得更加复杂和有趣。[6]所以说，为了共同的利益，要想尽一切办法创造价值。但必须注意的是，在这个过程中一定要留住自己的份额。

正如将"零和"谈判描述成一种"赢—输"游戏没有什么道理一样，将那些有充足的机会把"饼"做大的谈判描述成一种双赢游戏的理由似乎也不太充分。为什么这么说呢？因为如果说这里的"双赢"意味着谈判各方会通过达成一笔交

第一章

易而都能有利可图,而这种利益是大于他们通过其他方式所获取的利益的,那么实际上,所有能够达成协议的谈判都具备这一特征,即便是那种纯粹的"零和"谈判。如果说这里的"双赢"意味着谈判各方因为各取所需而皆大欢喜,那么实际上这种谈判是根本不存在的,即使是那些通过有效的交易将实现的价值大大增多的谈判。无论在什么情况下,利益分割都会发生,它是不可避免的。

总之,忘掉所谓的"赢—输"谈判和"双赢"谈判,集中精力创造最大化的价值,同时确保你自己获得合理的份额,并保持住现有的关系和你的声誉。记住,如果你能将北极星目标牢记在心中,那么你就不会偏离得太远。

分析谈判过程

有了分析谈判结构的框架作为基础,我们就可以将关注的重点转向了解谈判的过程是怎样构建的以及是怎样随时间发展的。做好这项工作的关键是要经常地询问你自己下列这些关于你所参加的谈判的动态的问题:

> 框架与细节。谈判目前处于整个活动的什么阶段?
> 跬步与重击。谈判者是想渐次达成一个个涉及面较窄的协议,还是想达成涉及面较广的综合性协议?
> 了解与影响。谈判各方如何尽量从其谈判对手那里了解到一些情况以及如何影响其谈判对手?
> 增加与剔除。谈判方是在极力增加还是减少牵涉进谈判中的人和议题?

> **捆绑与拆包。**谈判者是在极力将谈判议题结合在一起还是把它们拆开？
> **按次序进行与同步进行。**谈判方是按次序在做每件事情，还是将多件事情一起处理？

这里，我们需要再次利用保罗与其潜在雇主间所进行的谈判来说明这些关键的概念。

框架与细节

正如图1-4所显示的那样，谈判通常是要经历几个不同的阶段，它从早期的分析是否应该进行谈判开始，到最终达成协议或是谈判破裂为止。[7] 在分析阶段（exploratory phase），谈判各方要评估通过谈判所能实现的潜在收益会达到什么样的一种程度，再分析一下他们所拥有的众多选择，并决定是否"坐到谈判桌旁"。保罗也是这样做的，他进行了早期的考察，确定了三家自己有希望加盟的公司，并开始了与它们之间的谈判。

一旦各谈判方作出了进行谈判的决定，谈判过程便进入了架构阶段（architectural phase），在这一阶段，谈判过程的基本要素会被确定下来。这一阶段通常会讨论有哪些人要参与到面对面的谈判中来，哪些问题将被（或将不会被）提到议事日程上来，以及"游戏规则"将会是怎样的，例如关于谈判地点和谈判时间的问题。保罗与甲、乙、丙三家公司所进行的早期谈判就确定了这些因素，在确定了这些因素的条件下，他将与他的谈判对手就他的雇用条件问题展开一番谈判。

第一章

图1-4 谈判活动的各个阶段

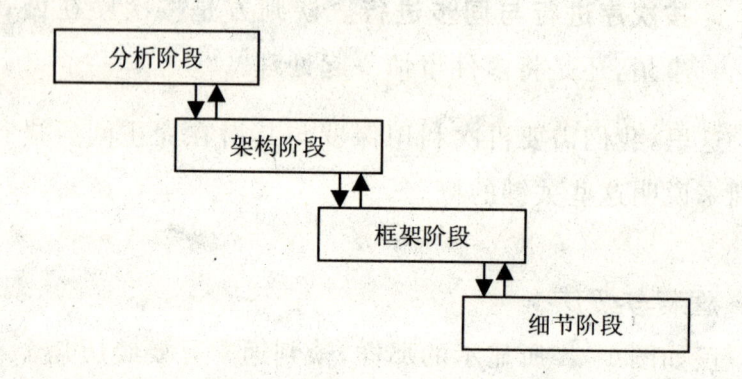

```
分析阶段
   ↕
架构阶段
   ↕
 框架阶段
    ↕
  细节阶段
```

随着谈判架构的建立,谈判过程便进入了框架阶段(framework phase)。在这一阶段,谈判方会为达成协议找到基本的方案。为实现这一目的,他们通常会在诸多议题中确定哪些交易是他们希望达成,从而能为他们自身创造价值的。保罗在这一阶段要明确一点,即在与对手进行潜在的薪酬谈判时,奖金对他来说要比基础工资更为重要。在这一阶段,谈判者可能还会就哪些协议条款是可接受的、哪些是不可接受的确立起自己的指导原则。

如果谈判各方就制定协议的框架达成了一致,谈判过程便进入了细节阶段(detail phase)。在这一阶段,焦点转向了对一些具体问题的讨价还价上。各谈判方可能会就每个议题都制定诸多的细节,也可能会就诸多的议题制定一个普遍适用的细节,以应对这场肉搏战。在这一过程中,他们将分割他们在框架阶段所创造出来的那张"饼"。

这四个阶段对于分析谈判随时间发展的整体进程是非

常有用的。但这并不是说这四个阶段就是一个不可逆转的线性演进过程。例如,如果谈判在细节阶段陷入了僵局,那么谈判各方通常会折回来以寻求一个更好的方案,甚至重新商讨谈判过程的架构。实际上,有经验的谈判者会将其焦点在架构、框架和细节之间自由地转换。因此,如果你没有取得什么令人满意的进展的话,那么你应该考虑一下将谈判过程"挂上倒挡"。如果有必要的话,把关注焦点移回到框架阶段,重新考虑考虑。如果这么做还没有效果,可以再退后一些,重新商讨一下谈判过程的架构。在你得到了一些牵引力之后,你就又可以将这一过程"挂上前进挡"了。

跬步与重击

无论谈判处于哪个阶段,评估一下谈判各方对于谈判抱有多大的期望通常都是非常有用的。他们是在寻求一些适度、渐进的收益,还是在竭力达成一些更具野心、更有利可图的交易?

谈判者所抱有的期望的程度是非常重要的,因为它确定了一个特定谈判的风险报酬状况。渐进性收益当然很容易就能够获得。如果你能够在那些你和你的对手对其只抱有适度期望的谈判中做得十分成功的话,那么这可能还会帮助你们之间建立起信任,并为以后你们之间达成更重要的谈判打下良好的基础。记住,要想沿着山坡向上推动一块巨石是非常困难的。对于保罗来说,这意味着他应该在第一年接受一个较为适度的薪酬水平,如果这能够为他在以后的年度里

第一章

获得可观的收入增加打下一个良好基础的话。

但保罗必须注意这个问题,即在他接受了一份工作从而放弃了其他选择以后,他的谈判实力可能会急剧下降。如果一年后他所期望的薪酬上涨的情况没有兑现,他该怎么办?如果他接受了其他的那些选择,他一年后的薪酬待遇又会是怎样的一种状况?

出于这一原因的考虑,对于保罗来说,立刻达成一桩全面的一步到位的协议似乎是更好的选择。例如,他应该考虑与其潜在雇主就其加盟后的头三年每年的薪酬情况都签订详细的协议,但这也会使他丧失掉一些可能的加薪的机会。当然,这其实是一场赌博。但如果他有把握,而且能够不断评估公司的发展前景,这种做法是会给他带来回报的。

有些时候,你无法采取渐进的方式。正如一句谚语所说的,"要跳过一个宽20英尺的沟,想以每次10英尺的远度跳两次是不管用的"。例如,假设你正在与一个组织进行谈判,而这个组织中的某些人强烈反对与你达成交易。他们可能无法阻止交易的达成,但他们会使这一交易的价值下降,并将交易的执行过程复杂化,从而使得你很难实现更多的收益。如果你认为你所处的情况正是如此,那么采取渐进的方法便毫无意义,因为这样做不会让你有信心,也不会给你带来什么动力。相反,迫使你的对手去应付其内部存在的反对声音,从而尽力争取达成一项全面的一步到位的交易则是更为明智的选择。如果你的谈判对手现在不能解决他们内部的问题,那么你也别指望他们以后会解决。

了解与影响

下面,我们要关注谈判者如何尽力了解对方和向对方施加影响。当谈判各方彼此之间对于对方的利益和底线不大确定的时候(通常都会是这种情况),他们相互交换的立场实际上只是一些关于他们愿意接受怎样的条件和不愿意接受怎样的条件的"信号"。各方都在尽力从对方的立场以及其用来支持其立场的基本原因中了解到一些东西,并试图通过自己的立场和支持自己立场的基本原因来影响另一方。

当然,问题便出在各方试图影响对方的努力会与另一方试图了解对方的努力发生冲突。也正是由于这个原因,不确定性条件的谈判才变得如此有趣,同时也让人有挫败感。我们可以把它看成是在逆境中的一种学习。

为了说明了解与影响所带来的挑战,让我们回到保罗与甲公司所进行的谈判。我们还记得,甲公司所提供的这份工作是保罗的首选,假设该公司所开出的薪酬符合保罗为自己设定的最低薪酬目标。再假设保罗和甲公司的招聘人员都已经明确了自己所关心的问题,并已经确定了哪些交易会为他们自身创造价值。有了这些作为基础,他们便开始在细节的讨价还价阶段向对方开出自己的条件。

但是令保罗感到意外的是,甲公司最开始开出的条件远远低于保罗所能承受的最低限度,无论是在固定工资方面还是在奖金方面。看到保罗表现出一种很吃惊的神情,甲公司的招聘人员是这样向他解释条件如此之低的原因的:"你能

第一章

否担任销售部门的领导职位并没有接受过任何检验,因此我们想冒险培养你一番。如果你能够在你上任的第一年证明你自己的能力,那么你的基础薪酬将会有一个巨大的飞跃。"当保罗问她为什么奖金率也那么低时,她回答说:"实际上,你第一年的绩效在更大的程度上反映了你的前任(现在已经被提拔到公司最大的部门任销售总监)为你所打下的良好基础,并不能太多地体现你所作出的贡献。"

保罗了解到了哪些信息?他应该做些什么呢?他需要判断出在他与甲公司之间是否的确不存在一个可以达成协议的领域(如果真是这样的话,他就应该把关注重点放到乙公司和丙公司上),还是这只是甲公司欲擒故纵的一个策略。研究显示,最初开出的条件有力地影响着谈判各方对于对方的底线的判断。事实上,当协议达成时,谈判方通常会发现他们最终达成一致的条件往往接近于他们各自开出的条件的中位数。[8]

所以,保罗必须认真考虑他的下一步行动。他可以采取的一种选择是开出一个远远高于他所能接受的底线的条件,作为对对方开出的过低条件的回击。这么做可能会使双方恢复一种均势,但也可能使谈判陷入僵局。即便是不出现谈判破裂的情况,这样做也会使谈判成为一个艰苦、持久的出价与还价过程,因为双方都是一点一点地把出价向最初出价的中位数附近靠拢。

另外,保罗还可以选择根本不理会对方开出的条件,甚至更好的情况是,让甲公司的招聘负责人自己否定自己开出的条件。他可以这样说:"你们开出的条件根本不在我能接受的范围之内,而且拥有我这样丰富经验的人在别处是根本不可能被给出这么低的条件的。所以如果这样的条件果真已经接近你们所能开出的最高条件了,那么我们之间可能也就没有达成协议的基础了。"如果乙公司或丙公司已经为保罗开出了非常优厚的条件,那么这种做法将是一种非常可取的选择。但即便是这两家公司没有为他开出优厚的条件,这种做法依然值得一试。

我们假设保罗采取了这种做法,且甲公司也为他开出了较最初开出的条件稍好一些的条件,只是仍远远低于保罗所能接受的最低水平。现在,他该怎么做呢?他应该认真地分析一下甲公司的招聘负责人所作的让步的幅度。为什么要这样做呢?因为通过让步的方式,一方可以了解到对方的底线。[9]如果甲公司只作了很小的让步,这可能意味着他们之间的确不存在达成协议的区域;而如果甲公司作出了较大的让步,那么这可能暗示着依然存在着巨大的讨价还价的空间。依此做法行事,保罗既可以了解双方,又可以向对方施加影响。

增加与剔除

下一步,我们要分析谈判的结构是如何建立起来和发生改变的。谈判结构中最基本的要素是谈判方和议题。一旦"谁参加谈判"(谈判方)和"谈什么"(议题)确定下来,要想影响谈判的其他一些关键要素,例如选择、利益、权衡以及创

第一章

造价值和获取价值的机会,可能性就比较小了。

因此,老练的谈判者通常会尽早仔细地考虑他们想与谁进行谈判,他们想就哪些问题进行谈判。在一开始就避免与一些问题合作伙伴进行谈判要比在以后再将他们排除在外容易得多。你应该尽最大可能寻找这样的人作为你的谈判伙伴:他们也一样拥有"北极星"思维——最大程度地创造价值,并在维持相互间关系和自己声誉的同时获取价值。这意味着要尽力争取同"好的"谈判对手打交道,而将"坏的"谈判对手排除在外(当然是在现实可行的限度之内)。保罗在决定与甲、乙、丙三家公司进行谈判时正是这样做的,他从他的备选谈判名单中剔除掉了其他的一些潜在的雇主。

当然,你不一定总能与"好的"谈判伙伴打交道。但如果我们能够找到办法避免与"坏的"谈判伙伴打交道的话,我们还是要尽力这样做。出于这个原因,保罗应该持续密切注意这三家公司的人是如何与他进行谈判的,因为这会让他对这些组织的文化和价值观有所了解,并帮助他判断他是否想加入到这样的组织中。

同样,对于谈判议题,你也应该从一开始就要尽力对其施加影响。议题涉及面是不是太窄,使得双方之间仅存在一种很小的可能达成互利的交易?议题的涉及面是不是太宽,以至于其复杂程度使得创造和获取价值变得非常困难?议题中是否包含不利于双方谈判的内容,而这些内容是不是一些别有用心的人故意加进来企图破坏谈判进程的?如果是这样的话,那么你应该考虑增加或者剔除一些议题。

了解谈判的条件

随着谈判的展开,你还应该不定期地重新审视和关注谈判的结构,问问你自己"谈判桌边坐着的是不是正确的人?",以及"谈判议程里是不是包括了正确的议题"。例如,如果保罗与甲公司的这位招聘负责人的谈判进行得不太顺利的话,那么他是否能找到办法让公司其他的一些关键决策者参与到与他的谈判中来呢?如果双方看起来的确不存在能够达成协议的领域,那么是否可以拓宽议程以创造更多的联合价值或将议程收缩以剔除掉一些不利于双方谈判的议题?

捆绑与拆包

在观察谈判过程时,请关注一下谈判者是如何对谈判议题进行捆绑和拆包的。[10] 拆包意味着将一个议题分解成几个独立的部分。为了用一个简单的例子来说明这个问题,我们假设你和你的一个同事正在考虑去哪儿一起共进晚餐。再假设你非常想去吃中餐,而你的同事则非常想去意大利北部风味的餐厅。表面上看起来,这似乎是一个"零和"博弈。但是在你想要主张价值之前,你应该看看是否可以将"晚餐"拆成几个可以进行协商的独立议题。"晚餐"可能包括在当地的小酒馆喝一点餐前饮品,在一家餐馆吃一顿主菜,再到其他的某个地方吃上一点饭后甜点。问问你的同事是否愿意去中餐馆吃中餐,然后再到一家意大利咖啡馆去吃甜点和喝咖啡?如果他愿意的话,拆包便为价值创造打开了大门。

同样,你也可以将分别独立进行的多个谈判结合在一起,或者说将它们捆绑起来。将更多的谈判方和谈判议题结

43

第一章

合起来可能会为各方达成互利的交易提供更大的机会,因此也可以创造更多的可以用来进行分割的价值。如果谈判停滞不前,那么把它分成若干个只涉及较少谈判方和较容易控制的谈判议题的小谈判可能同样非常有效。

按次序进行与同步进行

在分析谈判过程时,最后一步你需要仔细考虑一下按次序进行和同步进行将会产生的影响。例如,如果你要对付两方以上的谈判对手,那么在什么情况下,与他们分别打交道比较合适?而在什么情况下,与他们一并打交道比较合适?如果你决定分别与各方进行谈判,那么你想以怎样的顺序进行这些谈判?[11]在这些谈判对手中是否存在着某些关系,从而使得其中的某几方比另几方更有影响力?如果是这样的话,你是应该与这些更有影响力的对手先进行谈判,还是应该把他们排到后面去?什么时候你会从一对一的会面转向进行群体谈判,而什么时候又从群体谈判转回到一对一的会面?

当谈判包括众多议题时,你同样也面临着类似的按次序进行还是同步进行的抉择。什么时候最好是一个议题接一个议题地进行,而什么时候最好是把所有的议题一并进行讨论?如果你选择一个议题接一个议题地进行,那么怎样安排这些议题的次序才是最合理的?在怎样的情况下,你会从按次序地处理这些议题转向一并处理它们,而什么时候又会转回来重新采取按次序进行的方式?

显然,对于保罗来说,按次序进行谈判是他最关注的。

为了了解招聘市场的情况并获得一些经验,他已经与多个潜在的雇主进行了谈判。在这个过程中,他必须认真考虑与这些潜在雇主进行谈判的次序。例如,他应该首先努力争取获得乙公司的聘请,还是应该先看看是否能同甲公司取得更大的进展?

总结性评论

如果你没有对谈判结构和谈判过程作一个透彻的评估,那么你就不要指望你会拥有一个好的谈判策略。为了深化你对本章所提到的分析技巧的理解,你可以选择目前你所参加的一个最重要的谈判,对谈判方、谈判议题、各方的利益、各方所面临的各种选择、迫使谈判方采取行动的事件,以及谈判结构中其他的一些关键的要素进行严格的评估。然后思考一下它们对于谈判过程中你自己所要作出的一些关键选择的影响,例如,你是应该把关注重点放在谈判的框架上还是细节上,应该努力达成渐进性协议还是全方位的协议。这样的分析将为你提供一个良好的基础,使你能够制定出适合你所面临的谈判形势的战略,而这正是接下来的两章我们要讨论的主题。

谈判人员清单

分析谈判结构

哪些谈判方正在影响或者能够影响谈判?哪些谈判议题是或者

第一章

可能成为谈判的焦点?

各谈判方是如何看待他们所面临的其他选择的?是否存在一些能够推动谈判进程的迫使某些谈判方采取行动的事件?

各谈判方是如何看待他们各自的利益的?在这些众多的议题中,他们愿意作怎样的权衡和取舍?

哪些人拥有哪些信息?你怎样才能获得信息上的优势?

谈判各方采取什么样的立场?为什么?谈判是一个议题接一个议题地进行,还是将众多议题放在一起进行讨论?

如果交易达成,那么它能够创造出价值的潜力有多大?

你有多大的把握能够从创造出来的价值中获取到合理的份额?

分析谈判过程

争取为协议界定一个宽泛的框架,还是重点关注谈判的细节问题,哪种做法对你更有利?

你应该寻求渐进的利益还是应该更具一些野心?

你应该做些什么才能最好地了解你的谈判对手的利益?才能影响他们对他们自己的利益的看法?才能影响他们对他们自己所面临选择的看法?

你能通过增加谈判方或增加谈判议题的方式提高创造价值和达成协议的可能性吗?减少谈判方或谈判议题的数量会有助于扫清一些关键的障碍吗?

将谈判议题捆绑或拆包是否会帮助你提高达成交易或创造价值的可能性?

对于你来说,按次序一个个地对付各个谈判方和处理谈判议题更好呢,还是同时对付多个谈判方、解决多个谈判议题更好呢?如果是按次序进行,你应该按照怎样的一个顺序进行才更有效力呢?

第二章　站在战略的高度进行谈判

心里装着"北极星"目标,手里拿着分析谈判结构和谈判过程的工具箱,我们就可以为制定有效的谈判策略形成一些指导原则了。在你向新的领导角色转型的过程中你会遇到诸多类型各异的谈判,针对它们,你应该如何来制定最佳的谈判策略呢?当你制订计划和处理一些不可避免的意外事件时,在你的头脑中应该记住哪些关键的原则——把它们看做是"战略性原则"?

首先,你应该把你的"应聘领导职位"的谈判当做是一场"游戏"——一种几个寻求为自己带来利益的精明的参与者之间的战略性交互行为。[1]这么说并不意味着我们鼓励你参与到一种只具字面含义的或是具有政治含义游戏当中去。要把"北极星"目标牢记在心中,这样你便不会掉入陷阱之中。

相反,这里借用游戏这个比喻的目的在于将你的关注重

第二章

点放在谈判各方的行为是如何极大地受到他们所参与的"谈判游戏"的结构的影响的。所谓谈判游戏的结构就是指谁参与谈判，他们寻求实现哪些目标，谈判游戏的规则有哪些，等等。老练的谈判者会制定一个明确的战略，以充分利用不同类型的谈判所蕴涵的机遇，并积极应对这些谈判所固有的约束条件。打篮球时，你不能戴着头盔、穿着防滑鞋出现在球场上。

我们的结论是，谈判者必须将其所制定的战略与其所要参加的谈判的结构相匹配。换句话说，没有任何一种方法适用于所有类型的谈判。你必须认真仔细地分析你所面临的谈判并制定相应的战略。

简单的谈判与复杂的谈判

为了说明这一核心原则，现在让我们聚焦于我们所能想象到的最简单的谈判。假设两个人（一个买方和一个卖方）正在就一部二手车的交易进行谈判。再假设他们之间彼此互不相识，在以后也不会再打交道，而且也无法和其他潜在的买方和卖方进行谈判。如果他们不能达成一笔相互之间都可以接受的交易的话，他们将终止他们的谈判并分道扬镳。

这就是一个"简单的"谈判，因为：

➢ 现有的关系并不能对谈判方的行为产生什么影响；
➢ 谈判双方对彼此都持有一种中性的态度，他们不会陷入与对方的激烈冲突之中；

- 谈判议题只有一个:这部车的价格;
- 讨价还价的范围在一定程度上是受到二手车的市场需求的约束的;
- 参与到谈判进程中的只有两方;
- 他们都只代表他们自己进行谈判,而不代表任何其他人;
- 他们都没有参与到与其他人进行的类似的谈判中去,因此他们拥有固定的底线。

你要注意到的一个问题是,要想找到一个简单的谈判是多么地不容易。大多数的谈判,包括保罗作为一位新领导者所要面对的所有谈判,都要比上面提到的这个谈判复杂得多。意识到这一点对于在现实世界中如何有效地进行谈判有着深远的影响。

在这一谈判的结构如此简单的情况下,买卖双方应该采取什么样的战略呢?对于他们来讲,有很多问题是他们不必太担心的:

- 他们不必为维护关系或设定先例的问题担心;
- 他们不需要考虑他们之间原先曾经有过冲突的历史会导致冲突的升级,并会危及他们之间达成协议的前景;
- 他们不需要通过交易来创造价值,因此他们不必关注在不同的议题间进行权衡的问题;
- 他们不必考虑各方之间形成联盟的问题,而这个问题

第二章

在有多方参与的谈判中很可能会出现；
> 在决定给出什么样的条件和接受什么样的条件的问题上，他们不必向其他的决策制定者请示；
> 他们不必担心与其他人所进行的一系列相关的谈判同时进行的问题。

考虑到这样的谈判结构，谈判者应该把关注焦点放在制定能够使他们获取价值的战略上。这是一种非常典型的分割固定馅饼的情形，买卖双方都应该努力寻求取得尽可能大的份额。

一旦双方把这作为他们总的指导目标，他们就可以将重点放在制定支持性战略上，这一方面是为了了解对方的底线，另一方面也是为了影响对方对于哪些条件是可接受的这一问题的看法，使其朝着有利于己方的方向发展。要了解对方的底线，他们可能会努力去搞清楚对方达成这一交易的愿望有多么强烈，还要对二手车的市场需求状况进行一番研究。买方可能还得收集一些关于这部车的历史的信息。而为了影响对方，他们可能会使用一些典型的获取价值的策略，比如说锚定(anchoring)。由于各方都制定了战略，我们可以预测这一谈判过程将会是一场充斥着讨价还价的肉搏战，将会很快结束，要么达成协议，要么彻底破裂。

现在，让我们将这个关于二手车的谈判与保罗在找工作过程中所面临的谈判进行一下对比。对于一个外行人来说，保罗所要进行的谈判看起来似乎与二手车谈判非常相似。他目前正在与甲公司进行谈判，他们之间也进行着讨价还价。这是不是也只不过是一场直到他们双方达成协议或是彻底终止谈判为止的艰苦的拉锯战呢？

现在，你应该能够意识到这两种谈判有着多大的差异，对于这两种不同结构的谈判对战略制定的影响也应该有了一个直观的了解。像所有处于转型时期的领导者一样，保罗是在一种存在着潜在的长期关系的背景下进行谈判的,因此他必须考虑到这些关系和他的声誉。他们双方需要讨论大量的议题，因此他必须仔细考虑多个议题间权衡的问题，寻求达成互利交易的机会，并平衡好其为创造价值和获取价值所付出的努力。保罗正在与一个组织的代表进行谈判，而不是与个人进行谈判，所以他必须考虑该组织内部的决策程序，以及他与招聘人员所达成的临时协议要经过批准的问题。最后，由于他要同时与三家公司进行谈判，因此他必须认真考虑如何才能最好地利用它们之间的联系。如果保罗像对二手车进行讨价还价一样应对他目前所面临的状况，那么我们估计他将会狼狈不堪。

战略原则

为了给这一谈判以及他要面临的其他应聘谈判制定成功的战略，保罗必须明确谈判结构、谈判战略、谈判过程以及谈判结果之间的关系。如图 2-1 所示，不同类型的"谈判游戏"会带来可测的约束条件和机会，而这对于哪些战略是最为有效的具有十分重大的意义。随着各方对彼此所采取的行动的了解并对其采取应对措施，各方所制定的战略会产生

第二章

相互的作用从而形成谈判的过程。谈判过程最终会产生一个结果:要么达成协议,要么彻底破裂,要么延期再议。

图 2-1 战略原则

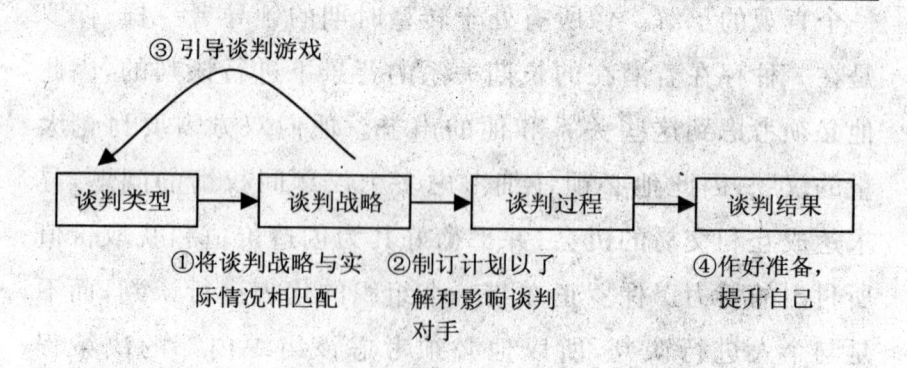

```
         ③引导谈判游戏
         ┌─────────────┐
         ↓             │
    ┌────────┐   ┌────────┐   ┌────────┐   ┌────────┐
    │ 谈判类型 │──→│ 谈判战略 │──→│ 谈判过程 │──→│ 谈判结果 │
    └────────┘   └────────┘   └────────┘   └────────┘
    ①将谈判战略与实  ②制订计划以了         ④作好准备,
     际情况相匹配    解和影响谈判           提升自己
                   对手
```

四项战略原则(在你所面临的每一次谈判中你应该用来制定战略的总原则)便直接来源于这一模型。

原则一:将谈判战略与实际情况相匹配

前面我们曾指出过,不存在一种普遍适用于所有谈判的方法,而这第一个原则可以说是对此观点的重申。不要总想着保持一种不变的谈判风格。只有认真分析每一个谈判的结构,并仔细思考与其相关的约束条件和机会,你才能够制定出最佳的谈判战略。在下一章中,我们将详细探究这一原则的意义。

原则二:制订计划以了解和影响谈判对手

为了创造并获取价值,你需要努力去影响你的谈判对手

52

对于他们自己的利益和面临的选择的看法,而有效地了解他们则为此打下了良好的基础。要想有效地了解对手,在进行谈判前做好认真的准备工作并制订合理的计划通常是非常必要的。但请记住,在和你的谈判对手坐到谈判桌前,你所能了解到的东西是会受到很大的限制的。对于对方的了解很多都是通过与其进行对话而实现的。这就是说,你应该仔细考虑你需要了解什么,而了解这些东西的最佳途径是作调研,还是进行面对面的对话。在了解了对方的基础上,你便应该形成你自己的一种立场,用它来指导你去影响你的谈判对手对于他们的利益和他们所面临的选择的看法。

原则三:引导谈判游戏

到目前为止,你应该明白将谈判比喻成游戏是多么有用了吧。游戏的结构和规则影响着战略的制定。而了解和影响谈判对手通常是你参与这一游戏的关键步骤。

但是,这一比喻也有其局限性。为什么这么说呢?因为谈判游戏与我们玩的其他类型的游戏之间存在着一个关键的区别。在谈判游戏中,参与者可以在很大程度上影响着游戏的结构和规则。而在体育运动中,例如在足球比赛中,游戏的结构和规则都是固定的。竞技场的大小和形状、参与双方的人数、游戏设施、参与者的行为、获胜的标准,以及裁判员的身份和权力等都是有着严格的界定的。

而在大多数的谈判中,上述游戏结构中的一些或所有元素都是非常不确定的。老练的谈判人员从他们刚开始分析

第二章

谈判的可能性的那一刻起,就会寻求对谈判游戏进行引导。例如,通过对谁参与谈判以及设置哪些谈判议题等手段来施加影响。随着谈判进程的向前发展,他们还会不断地对谈判结构施加影响,或是单方面地采取改变谈判游戏的行为,或是与对方协商而调整谈判的参与者和谈判的议程。

这里,我们想说明的是,那些能够影响谈判结构的谈判者在面对面的谈判还没开始之前就已经为成功地实现他们的目标作好准备了。这种状况,以及因为这种状况而在谈判中占有优势的潜力可以用我们的第三个战略原则来概括:引导谈判游戏。这意味着你不仅应该认真思考谈判的结构是**怎样的**,以及在相关的约束条件和机会存在的前提下怎样才能最好地推进谈判,而且还要认真思考谈判结构**可以是怎样的**,以及你如何调整它,以便能够在一个持续稳定的基础上更好地创造价值和获取价值。

包括了解和影响对方的努力在内,你所制定的影响谈判过程的战略既涵盖了一些在谈判桌边的行为,也包括了一些发生在谈判桌以外的行为。你可能会在正触及谈判的实质内容之前就有机会与你的谈判对手"协商谈判的过程"。随着谈判过程的展开,你也可能以一种对你方有利的方式重新商讨谈判结构的元素(谁参加谈判,谈判的议程是什么)。同时,你也有机会单方面地采取一些能够改变谈判游戏的行动(例如,发起其他的一些与此谈判相关联的谈判),这会有力地影响你的谈判对手对于他们的利益和他们所面临的选择的看法。

站在战略的高度进行谈判

当保罗决定与三家潜在的雇主都展开谈判,而不是只把目光放在一家身上时,他便处于一种"引导谈判游戏的模式"之中。他之所以这样做,是因为他想把从与一家公司的谈判中所获得的利益作为筹码来与其他两家公司进行谈判。例如,如果他没能拿到丙公司的聘用邀请函,那么他在与甲公司和乙公司的谈判中的自信心就不是那么充足。通过与多家公司同时进行谈判,他提升了他所面临的选择的质量,也使自己能够得到更多的利益,从而影响着谈判结构。

与此同时,保罗也犯了一些错误。他决定依次与这几家公司进行谈判,他首先从丙公司开始。他成功地拿到了这家公司的聘用邀请函,但从其所获得的报酬角度来看,该公司并不具有什么吸引力。而现在,丙公司正在催促他尽快给出一个最终的答复。

后来,他又同时与甲公司和乙公司展开了谈判。与乙公司的谈判进行得很顺利,他将会得到该公司提供的一份不菲的报酬,但是他担心未来公司状况可能会发生恶化,对他未来的上司也心存疑虑。而与甲公司的谈判则非常不令人满意,这家公司给他开出的价码有些过低了。

对于保罗来讲,现在的有利因素是他的这种按次序进行谈判的战略使得他手里已经有了一份保底的工作。而不利因素则在于这份保底工作并不是很让人满意的,而且他可能很快就必须作出决定,是接受这份工作,还是放弃它而继续寻求在甲公司获得一个职位。现在我们回过头来看,他或许真的应该同时进行这三个谈判,那样的话他将会处于一种更

第二章

为有利的地位。

原则四：作好准备，提升自己

保罗应该从这次经历中总结经验，避免以后再犯同样的错误。而这就引出了我们要提出的第四个原则：作好准备，提升自己。这一原则说起来容易，做起来难。在向新的领导角色转型的过程中，人们是很容易跳过这一步的。

但是，如果你没有作好准备去提升自己的话，你就无法在谈判方面有任何长进，因为那样的话你就不会努力去分析自己哪些地方做得好，哪些地方还需要在以后进行改进——后面这一点是非常关键的。结果会怎样呢？你的能力会原地不动，得不到任何提升。这短期来看可能还好，尤其是当你确实有一些天赋时。但是当你在向需要担负更大职责的岗位升迁的过程中，这会成为你的一个绊脚石。你所面临的谈判会变得越来越复杂，然而你的谈判技能却没有得到相应的提升。

要做到作好准备，提升自己，关键是要认真地反思过去的经历，改进你原来的方法。你可从下述这种方法做起。在每次重要的谈判结束后都拿出半个小时的时间用于评估你在实现四个北极星目标方面做得怎么样，你可以问自己下面几个问题：

> ➤ 创造价值。我是否做了我所能做的一切来发现并利用创造价值的机会，还是我将某些原本可以创造出来的价值漏掉了？如果答案是后者的话，那么为什么会

这样？我以后应该怎样做才能避免类似情况的再次发生？

- **获取价值**。我是否在谈判中获取了合理份额的价值，还是我放弃了这些价值，抑或是我获取了过多的价值？如果答案是后面两个的话，那么为什么会这样？我以后应该怎样做才能避免类似情况的再次发生？

- **构建关系**。我是否保住或是改善了一些关键的关系，还是对这些关系造成了损害？如果答案是后者的话，那么为什么会这样？我以后应该怎样做才能避免类似情况的再次发生？

- **提升声誉**。我的行为是提升还是损害了我作为一个谈判者的声誉？如果答案是后者的话，那么为什么会这样？我以后应该怎样做才能避免类似情况的再次发生？

谈判战略矩阵

总而言之，在你制定你的谈判战略时，如果能够将这四项原则牢记在心，那么你将会更好地实现你的目标：

- **将谈判战略与实际情况相匹配**。分析谈判结构，找出关键的约束条件并发现存在的机会，从而制定相应的战略。
- **制订计划以了解和影响你的谈判对手**。搞清楚你需要了解些什么，最好从哪里去了解；用你所得到的信息去创造和获取价值。

第二章

> ➤ **引导谈判游戏。** 要把关注点集中于影响参加谈判的人员、谈判的议题以及游戏规则上,不要让别人牵着鼻子走。

> ➤ **作好准备,提升自己。** 花一些时间反思一下你过去的经历,总结出一些重要的经验教训,并把它们传授给其他代表你(的利益)参加谈判的人。

这四项原则为制定谈判战略提供了一个大的指导方针。表2-1中的谈判战略矩阵为你提供了一项辅助工具,它能帮助你把你对具体情况的分析结果转化成具体的战略和措施。

表2-1 谈判战略矩阵

关于谈判战略的传统观点 ↓

	参与谈判游戏	引导谈判游戏
在谈判桌以外	作准备并制订计划——分析谈判结构并制定与实际情况相匹配的战略。	单方面地改变谈判结构——主动发起其他的一些谈判;单方面地采取行动从而对参与谈判的人员及谈判议题等产生影响。
在谈判桌旁	了解并影响——在努力影响他们对你的利益及你所面临的选择的看法的同时,了解谈判对手对他们自己的利益和面临的选择的看法。	商定谈判结构——就谈判人员、谈判议题、谈判最后期限以及其他一些关键的要素多次展开磋商。

该矩阵将我们的讨论所重点关注的两个关键的区分结合起来。第一个是为有效地参与游戏（即在现有谈判结构的背景下了解并影响你的谈判对手）所作的努力与为了以一种对自己有利的方式引导游戏（即在参与谈判的人员和谈判议题有哪些等方面对谈判结构施加影响）所作的努力之间的区别。第二个是你在谈判桌以外（在谈判开始之前以及在各轮谈判之间的间歇期）所采取的行动与在谈判桌边通过面对面的对话执行你的战略时所采取的行动之间的区别。

矩阵的左边一栏代表了一种关于谈判战略的传统观点：谈判前要作好准备并制订好计划，而后一旦来到谈判桌前，就要努力去了解你的谈判对手并对他们施加影响。毫无疑问，做好这些事情是相当重要的，但如果你希望自己成为一名伟大的谈判家的话，那么仅做到这些还远远不够，因为如果你忽略了右边的一栏，那么这就好比你的一只手被捆在了身后、动弹不得一样。因此，你应该像保罗那样，发现全部四个象限中所蕴涵的机会，用下面这些问题来指导你的评估工作，从而制定出你自己的谈判战略：

> 在谈判开始之前以及各轮谈判之间的间歇期，我应该收集哪些信息，制订哪些计划？

> 在谈判桌旁，我应该尽力去了解哪些情况？我如何才能更好地了解到这些情况？我应该如何影响我的谈判对手对于他们的利益以及他们所面临的选择的看法？

> 无论是在谈判正式开始之前，还是在谈判进行当中，

第二章

是否存在机会单方面采取改变游戏的行动?
> 我能否以一种对自己有利的方式引导谈判结构和谈判过程?

运用这些原则

在接下来的四章里,我们将分别对这四项战略原则进行深入的探究,并运用它们为新领导者所要面临的各种类型的谈判制定战略。本章的结束也标志着我们对于保罗在找工作过程中要参加的谈判所进行的讨论的结束。在这个真实的例子中,保罗与甲公司所进行的谈判并不顺利,但他从乙公司获得了一份不菲的薪酬待遇,他也接受了该公司的邀请。在下面的几章里,我们将把关注的重点转向保罗在向新角色——乙公司的销售副总裁转型的过程中所遇到的谈判方面的挑战。

谈判人员清单

什么是谈判结构的关键要素?有哪些相关的挑战和机会?

你如何了解你的谈判对手?通过谈判之前所做的准备工作,可以更好地了解到哪些情况?你在谈判桌旁应该了解哪些情况?

你如何确保你在谈判桌旁和谈判桌以外所作的了解对方的努力能够相互协调?

你如何创造价值和获取价值?你将运用哪些策略来影响你的谈判对手对于他们自己的利益和他们所面临的选择的看法?

你如何避免对你的计划投入得过多以及你如何保留适应未来不可预知的发展情况的能力?

你如何在作计划和即兴发挥之间作出适当的权衡？

你需要为自己设定怎样的要求以确保你能够对过去的经历进行反思并从中吸取经验教训？

如果谈判能力是你的组织取得成功的一项关键要素的话，你会怎样向组织灌输一种学习精神呢？

第三章　将谈判战略与实际情况相匹配

在乙公司工作了几个星期之后,保罗便知道了他所接手的这项工作是极具挑战性的。在招聘过程中,公司的CEO便承认说公司目前存在着严重的问题,公司正处于一个转型期。保罗来到这儿就已经作好了卧薪尝胆的准备。

但是,即便这样,他在这几星期内了解到的情况仍让他感到很震惊。公司的市场份额正在大量地流失,在过去的四个月中,三个重要的客户以及几个相对较小的客户都结束了与公司之间的业务关系。而现在,公司最大的客户——丁公司也威胁要转投其他的业务伙伴。乙公司去年营业收入的大约5%都来自于与丁公司之间的业务,一旦失去这个客户,乙公司将会遭受致命的打击。

随着保罗对公司情况的逐渐了解,他发现乙公司所存在的问题由来已久,只不过现在以一种令人吃惊的速度迅速地爆发了。他的这家新公司是一家生产专业化的工业消毒系

第三章

统的公司，具体地说，就是生产使用化学药品和紫外线来为医院中的医疗用具消毒的设备。这里所说的医疗用具既包括手术刀和镊子，也包括像光纤观察器（fiber-optic viewer）和用于微创外科的吻合器。乙公司的消毒系统的定价通常都在 50 万美元以上，根据产品特性的不同价格也有所不同。由于使用这些消毒产品相应地需要一些配套的化学药品，因此销售这些配套药品也成为公司利润的一个重要来源。

同大多数医疗设备生产商一样，乙公司已经意识到它的利润来源受到了很大的威胁，因为公司的客户——医院已经相互结合成了规模更大的购买群体。由此而导致的收益的压力引发了公司的一些削减成本的举措。现在回想起来，这些举措有些"过"了。公司的"提早退休"协议导致了超出预期的大量的高素质人才的离去，这使得公司的生产和质量职能遭受到了尤其沉重的打击。

在几个月时间内，公司在可信性和交货等方面都出现了问题。幸运的是，产品消毒程序的安全性依旧完好，至少目前是这样，因此病人的健康没有受到威胁。但系统的崩溃使得很多作为乙公司重要客户的医院都减少了非紧急情况外科手术的数量，这也导致了医院对一些昂贵的医疗设备使用率的降低。

与此同时，乙公司在推出新的消毒系统方面也开始落后，这为竞争对手带来了机会。在乙公司出现危机之前，它在医疗消毒设备市场占有 55% 的份额，而公司最大的一家竞争对手占据 30% 的市场份额。这家公司利用乙公司出现危机的这个机会，大幅度地削价，并进行大规模的推广活动以获取市场份额。结果，乙公司在过去六个月的时间里丧失了7%的市场份额，而且这种份额流失的趋势似乎还在加速。

公司的CEO认为，他必须尽快采取行动抑制住公司目前的这种经营状况恶化的态势，于是他解雇了主管生产的副总裁。他从公司外部聘请了一位在领导企业运营方面非常有能力的人物——伊莉莎白作为公司的生产副总裁。她的任务是负责解决与产品质量和交货有关的问题。现在，她已经到任两个月了，并雇用了一些新的直接向她报告的人员。她似乎很快就能够解决这些问题。但时至今日，质量与交货问题依然存在，公司的客户非常不满，公司正处于进一步丧失市场份额的危险境地。

在对生产部门进行调整的同时，乙公司的CEO不顾销售部门领导的反对，决定对销售团队的奖酬体系进行一次重大的变革。然而，这并没有带来什么效果，销售副总裁也辞职了。他的离去以及奖酬计划方面存在的问题引发了许多客户代表的背叛，而这自然又进一步地恶化了公司与一些关键的客户间存在着的问题。

保罗从他的新上司那里得到的任务是稳定并重新构建销售组织，同时也平息一些客户的不满情绪，从而帮助扭转市场份额下滑的颓势。当然，他能否把这些事情做好取决于伊莉莎白在处理生产部门的质量与交货问题上取得了怎样的成果。同时，这也取决于保罗与他的新上司协同工作的能力。

第三章

对于乙公司与保罗来说,目前最棘手的问题就是与丁公司之间这种糟糕的关系。这两家公司已经有大约15年的业务关系了,它们可以说是一同成长起来的。丁公司出身于一家小规模的区域性医疗集团,它通过收购和积极的构建计划成为了该领域国内第三大公司。当丁公司的实力还十分弱小时,乙公司就已经开始为它提供消毒系统了。这两家公司的CEO也通过一些社交场合逐渐熟悉。乙公司从一开始便巩固了其作为丁公司最佳供应商的地位,并从丁公司的成长中获益匪浅。

现在,这两家公司之间的关系非常紧张。事实上,乙公司到目前为止一直是丁公司唯一的供应商。乙公司之所以能获得这种好处,完全是因为双方公司的CEO在十年前的一次会面,然而这却从未以合同的形式得到正式确认。双方达成了这样的共识,只要乙公司生产高质量的设备,支持丁公司的发展计划,保证向丁公司提供"最优惠"的价格,丁公司根本没必要寻找其他的供应商。由于双方之间没有主约(master agreement),因此它们只是做一笔交易就签订一次合同。

然而现在,双方之间达成共识的支柱——乙公司产品的质量和它对丁公司的发展所提供的支持都存在着严重的问题。除了新系统在几家医院都遇到了远高于正常水平的可信性问题外,乙公司在交货方面存在的问题还耽误了丁公司在西南部地区的两家新医院的外科手术室的建立。丁公司的设施规划人员非常不开心,而公司主管采购的副总裁阿莱克斯也极为生气。他从来都不赞同把乙公司作为唯一的采购供应商,认为通过竞标他可以做得更好。他和乙公司的CEO在最近的几周里进行了几次激烈的争执。他还向他们公司的CEO建议解除与乙公司现有的合同,从此以后通过竞标的方式购买设施。

对于保罗来说,这是一个决定他未来角色的时刻。如果他能够通过谈判成功地解决这些问题,并帮助恢复与丁公司之间的关系,那么这将极大地提升他在公司中的地位。这将使他能够在销售组织中执行一些重大的变革行为。而如果他不能处理好这些问题,那么乙公司和他自己可能都会陷入非常危险的境地。

保罗应该如何应对这些谈判呢?他应该从认真地对这些谈判进行分析开始,然后将其战略与实际情况相匹配——我们的第一项战略原则。他尤其应该认真地评估其结构,仔细地思考相关的约束条件和机会,而后制定相应的谈判战略。

为了实现本章的目的,我们假设保罗没有太多可做的用以"引导谈判游戏"。因此,我们的重点落在了表3-1所展示的谈判战略矩阵的左边一栏中。在这个约束条件的前提下,我们将探究保罗应该如何在保持与谈判对手的关系且树立起自己的声誉的同时在这些谈判中创造并获取价值。

为了考虑清楚他的战略,保罗应该从以下几个维度分析他与丁公司之间可能将要进行的谈判:

> **关系**。你的谈判对手与你只是进行一种一次性的交易,还是存在着一定的关系?

第三章

> **冲突。**你们是想达成一笔交易还是要解决一场争端？
> **收益。**你们是在分割一块固定大小的馅饼还是在做大这个馅饼？
> **权力。**谁拥有签订协议的权力？
> **联盟。**谈判是只包括两方还是包括更多方？
> **关联。**这些谈判是否与其他谈判之间存在着联系？

表 3-1 谈判战略矩阵

	参与谈判游戏	引导谈判游戏
在谈判桌以外	作准备并制订计划——分析谈判结构并制定与实际情况相匹配的战略。	单方面地改变谈判结构——主动发起其他的一些谈判；单方面地采取行动从而对参与谈判的人员及谈判议题等产生影响。
在谈判桌旁	了解并影响——在努力影响他们对你的利益及你所面临的选择的看法的同时，了解谈判对手对他们自己的利益和面临的选择的看法。	商定谈判结构——就谈判人员、谈判议题、谈判最后期限以及其他一些关键的要素多次展开磋商。

有了这些问题的答案后，保罗便可以对约束条件和机会有一个明确的认识，从而为以后的谈判制定一套成功的策略。

这六个因素放在一起便形成了分析谈判形势与制定谈判战略的框架。让我们回想一下，可能存在的最简单的谈判是我们在前面所讨论的二手车交易。新领导者所面临的谈判永远都不会那么简单。但是了解你所面临的谈判在哪个维度上更为复杂是非常重要的一件事。把重点放在任何一个维度上都会对谈判战略产生不同的，但却是可预测的挑战和影响。

关系：你的谈判对手与你只是进行一种一次性的交易，还是存在着一定的关系？

在一项纯粹的交易中，你与谈判对手进行的是一场一次性谈判，你和他之间在未来不会再进行任何交易。如果你处于这种情况下，一旦交易达成，你的谈判对手对你的看法是否很重要呢？你会做任何必要的事情以创造价值，特别是获取价值吗？你是不是就不会担心你们之间交易的可持续性或你们之间的长期关系呢？

所有这些问题的答案都是"是"，但必须满足下面的两个限定条件：

> **你现在的谈判对手与你未来要与之进行谈判的任何其他谈判对手之间不存在任何直接或间接的沟通。** 如果不满足这个条件的话，那么你的行为将对你产生不利的影响，会使你在将来更难以创造价值并获取价值。

> **你们之间达成的协议是"自我执行的"。** 也就是说，你不必担心它会被废止，也不必担心你的谈判对手不能完全地履行它。如果满足不了这个条件，那么你的行为可能会影响协议的可持续性。

第三章

在我们所举的最简单的例子——二手车谈判的例子中,如果我们假设你的谈判对手不可能影响到你的声誉,且该汽车是用现金购买的,那么这一谈判就能满足上述这两个条件。

然而很显然,我们需要绞尽脑汁才能想出这样一种情形,即在这种情形下,关系和声誉并不重要。实际上,即便是你正在与不同的谈判对手进行一系列一次性的谈判,假定声誉和关系永远是重要的也是比较明智的选择。谈判时心里想着北极星目标,长期来看,你就不会迷失方向,你甚至会从某些联系中获取更多一点的价值。

与纯粹的交易关系相对应的是一种以高度的信任为特征的关系。尽管我们经常使用信任一词,然而对于这个词我们理解得并不十分透彻。在商业背景下,双方之间拥有一种互相信任的关系意味着什么呢?这种关系有什么样的价值呢?这种关系是如何构建起来的,它又是怎样遭到破坏的,遭到破坏后又怎样才能被恢复呢?在保罗考虑如何处理乙公司与丁公司之间的关系时,这些问题对他来讲相当重要。

关系是很有价值的,因此当它能够为双方带来联合收益时,对其进行投资是非常值得的。在互信的理念下,三个不同的联合收益的来源结合到了一起:可信性、互惠性、可求助性。

可信性是一个很直白的概念,即双方都履行了其对另一方所承诺要履行的。这是非常重要的,因为它为谈判者降低了下列成本:

将谈判战略与实际情况相匹配

> **搜寻成本**：发现并审查可与之进行交易的合适的谈判对手的成本。

> **交易成本**：达成并执行每项交易的成本，例如磋商与起草合同的成本。

> **监督成本**：监督谈判对手的行动以确保他们做了他们承诺做的事的成本。

这种可信性带来的结果便是为谈判双方带来了一种联合收益。如果乙公司与丁公司的关系受到了破坏，这两家公司可以继续做生意，但是搜寻成本和监督成本将会提高，而它们双方要分割的价值"馅饼"的尺寸也会变小。

互惠性是指在一段时间内双方之间将会存在一种相互给予的关系，而不必为每次交易寻求平衡。处于互惠关系的双方可以在相当长的一段时间内进行交易。在一方从一次交易中获取了更多的价值时，另一方有理由预期它可以从以后的交易中也能够获取更多的价值。如果双方在需求时机上存在互补性，那么这就可以为双方创造额外的联合利益。例如，丁公司有时需要乙公司在交货系统方面能比正常情况下反应得更快些，但它也可以通过延缓未来订单的交货时间的方式对乙公司作出补偿。

我们可以作这样的一个比喻，即双方拥有一个被称做是"关系账户"的东西，每一方都可以在对方急需的时刻向外出借，同时也非常确信对方一定能够偿还。当然，这也存在着风险。毕竟，人们拖延贷款偿付的行为时有发生。

可求助性是关系联合收益的第三个潜在源泉。可求助

第三章

性是指双方都拥有在对方不作为的情况下执行协议的办法。而这有赖于双方之间的关系是主要基于正式的合同,还是基于非正式的理解。正式的合同使双方可以诉诸于合同法。尽管合同双方很少是被迫去履行合同中规定的义务,然而一旦有一方违约,违约方都可能因其为对方带来的损失而遭到指控。由于可能被指控,以及由此而引起的法律成本,一方不履行合同义务的预期成本提高了。

而如果双方之间商业关系的确定不是基于合同关系,而是基于一种非正式的理解,例如乙公司和丁公司之间的关系就属于这种情况,这也会极大地影响双方履行其各自义务的动机,因为双方未来的收益在很大程度上受制于其在当前的这些交易中所取得的业绩。如果乙公司不能履行他们与丁公司非正式的理解中所达成的那些条款的话,那么乙公司将会失去双方未来交易中它所能得到的利益。

概括起来讲,关系是联合收益的潜在源泉。在关系方面进行投资,使得你能够持续地创造并获取额外的价值,是非常明智的。但是建立关系并非终极目标。任何一方都不能够利用关系获取比这种关系创造出来的价值更大的价值。

乙公司和丁公司之间的关系创造了联合价值,而且乙公司已经获取了合理份额的价值。这正是为什么保罗必须努力修复好这种关系的原因,即为了保持住这种关系为双方所带来的联合收益。如果他失败了,那么乙公司与丁公司打交道的成本就会提高,双方之间长期业务往来的可能性就会降低。

将谈判战略与实际情况相匹配

为了制定修复这一关系的战略,保罗还必须意识到,乙公司和丁公司之间的关系实际上包括双方不同级别的人员之间的多重关系。图3-1把这种关系看做是一种"影响力阶梯",每个梯级代表两个组织内不同级别人员之间一对一的关系。高层的梯级代表两家公司的CEO之间的关系。而最底层的梯级可能代表着乙公司的技工与丁公司的医院中设备的具体使用者之间的关系。这两层梯级之间的梯级则代表着乙公司的客户代表和丁公司的采购人员之间的关系。虚线的那层梯级代表着保罗与丁公司主管采购的副总裁阿莱克斯之间潜在的关系。

保罗用影响力阶梯模型来评价乙公司与丁公司之间的关系,他作了下列评估:

> **明确全部的梯级。**两个组织有哪些接触点?
> **评价每层梯级的力量值。**各种关系的状态是怎样的?哪些关系依旧良好,而哪些关系已经出现紧张?哪些关系已经得到了维持,而哪些关系则不必维持?双方组织中的人事变动是否造成一些梯级已经被毁坏却没有得到替换?
> **评估双方各自组织内部目标和动机的一致性。**对方组织中的人员在看待关系为双方带来的利益和希望关系发挥作用方面达到了多大程度的一致性?你的组织中的人员又如何?

保罗很快便得出结论,连接乙公司和丁公司的阶梯中的

第三章

许多低层梯级仍然完好无损。乙公司的维修人员和丁公司的医疗人员之间的关系已经出现了紧张,然而双方公司的其他人员之间的关系依旧良好。乙公司的大客户代表(谢天谢地,他们还没有离开公司)与丁公司的采购人员之间的关系同样也没有达到不可挽回的地步。

但是保罗还得出了另一个结论,即乙公司的CEO已经放弃了与丁公司的CEO之间的"高层对高层"关系。而保罗的老板之所以这样做,似乎仅仅是出于尴尬的缘故,他决定直到他解决了乙公司存在的质量和交货问题之前,尽量不与丁公司的CEO进行接触。虽然保罗很理解他老板的做法,但是他仍然认为这样做是完全错误的。

接下来,我们再来看看保罗与丁公司主管采购的副总裁阿莱克斯之间尚未存在的关系。保罗认为,这层关系中存在的问题是阿莱克斯作为一名采购人员的思维定式以及他希望扬名立万的想法会使他倾向于对双方公司的这种关系持一种消极的态度。而乙公司出现的问题似乎又为阿莱克斯推动其长期以来一直认为非常必要的变革提供了一个机遇。

我们立刻便可以看出这些情况对保罗制定谈判战略所产生的影响。在双方影响力阶梯的许多梯级上,双方人员之间的关系都非常良好。保罗需要考虑的是如何在这些众多的梯级上传递一致的信息。这也帮助他确定哪些人应该成为他所组建的用于对危机作出应对的"霹雳小组"("SWAT" team,美国警察中的一支特别武装部队,受过使用各种武器的专门训练以对付危险的犯罪分子和恐怖主义分子。——

译者注)中的成员。保罗认为,他需要劝说他的老板主动与丁公司的 CEO 进行联系,从而向其传递更多的关于乙公司正在尽全力解决问题的信息。最后,保罗知道他必须努力去影响阿莱克斯,不仅仅是直接地去影响,也包括利用影响力阶梯中其他梯级的关系,从而使他放弃他一直以来的想法。

图 3-1　影响力阶梯

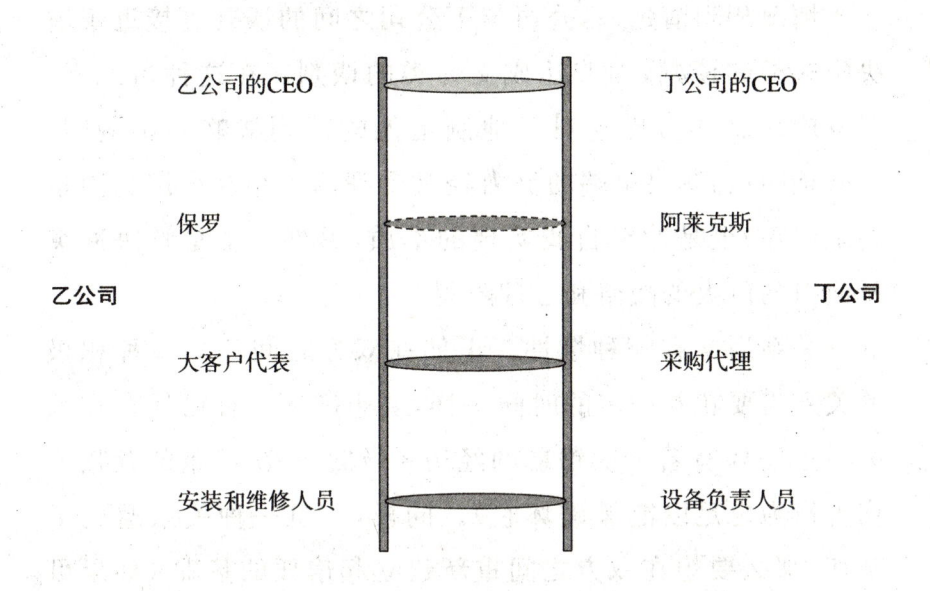

```
乙公司的CEO                            丁公司的CEO


保罗                                   阿莱克斯

乙公司                                                    丁公司

大客户代表                              采购代理


安装和维修人员                          设备负责人员
```

冲突:你们是想达成一笔交易还是要解决一场争端?

良好的关系可以创造价值,不好的关系则会破坏价值。我们假定关系在你的谈判中扮演着一定的角色,那么下一步便是要问问当前的这种关系状况是否会对价值产生破坏,以

第三章

及如果是这样的话,你可以对它采取怎样的措施。我们要分析的下一个问题是看看你所要进行的谈判是更接近于达成交易类的谈判,还是更接近于解决争端类的谈判。达成交易类的谈判是指当你和你的谈判对手彼此之间不是互相抱有消极的态度时,双方能够创造并获取价值的谈判;解决争端类的谈判指的是为了防止或减少价值的被破坏而进行的谈判。

情况相当清楚,乙公司与丁公司之间的谈判更接近于解决争端类的谈判,而非达成交易类的谈判。在这种情况下,保罗应该怎样考虑这对于他制定他的谈判战略的影响呢?他必须明白,解决争端的努力经常受到两个相互作用的因素的阻碍:一个是冲突自我实现的本质,另外一个是解决冲突所面对的巨大的战略和心理障碍。[1]

关系通常有一种惯性。正如在双方之间建立一种积极的关系需要花费一定的时间一样,要想破坏一种已经存在的关系也需要有若干次糟糕的经历(当然,一次严重的背叛或伤害行为也足以能够破坏它)。同样,一旦一种关系遭到了破坏,那么要想在双方之间重新建立起信任的基础(如果可能的话)也需要做大量的工作。

这种惯性在图3-2的关系动态模型中得到了说明。[2]要理解这种惯性,关键是要把改变关系的努力看成是试图推动一块岩石上下一连串的山坡。拿乙公司与丁公司来说,假设它们之间一开始是一种互信的关系,那么这可以看成是岩石是处于一个谷底,这一点我们用A来表示。这是一种比较稳

将谈判战略与实际情况相匹配

定的状态,持续了很长一段时间。

现在,假设情况发生了某些变化,对于保罗来说,就是乙公司在可信性和交货方面出现了问题,这使得双方的关系开始变得紧张。我们再进一步假设一方采取了一些行动,继而导致另一方也采取了报复行动,于是,双方的冲突开始升级。

这可以看成推动岩石向 A 点右方的小山上前行。而这个小山代表了这样一个事实,即关系将可能恢复到原来的状态,因此情况不会立即变得十分糟糕。如果没有进一步的力量推动这种关系继续向不利的方向发展,那么它将回复到 A 点。

但如果问题持续存在,最终关系将会到达这个小山的顶点,即图中的 B 点。过了那一点,如果双方之间再出现一些争执,就会使双方的关系滑落到一种比较糟糕的地步,即图中的 C 点。即便是在这一点上,在连接双方的影响力阶梯的某些梯级上也依然残留着一些良好的关系。但如果双方的争执继续存在,最终双方会到达 D 点并一路滑向完全决裂的状态或非常消极的关系(这有赖于双方能否脱离开对方),即图中的 E 点。

这种运动过程也可朝相反的方向进行,但这样做需要作大量的努力。乙公司和丁公司之间的关系便位于这个模型中的 C 点和 D 点之间。如果保罗希望阻止这种关系滑向完全决裂的境地并让它回复到 A 点,他就必须付出大量的努力,进行有效的安抚和信任的重建。

第三章

图 3-2 关系动态模型

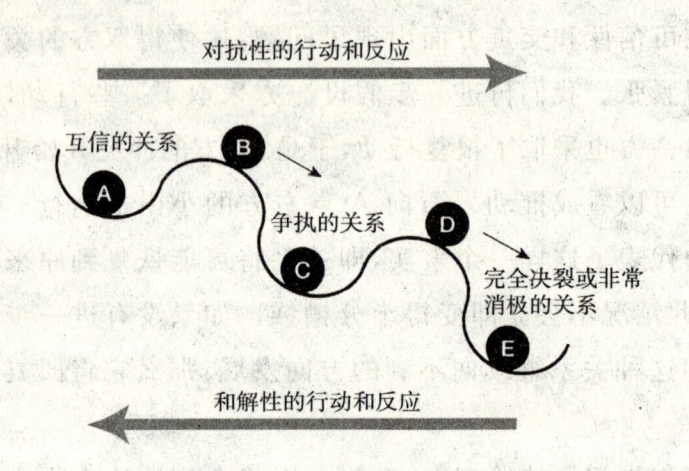

```
                    对抗性的行动和反应 →

        互信的关系    B
              A         ↘
                    争执的关系    D
                         C          ↘ 完全决裂或非常
                                      消极的关系
                                    E

        ← 和解性的行动和反应
```

为了取得成功，保罗必须了解并克服掉关系修复过程中所遇到的一些主要的障碍，在图 3-3 的模型中我们用小山来代表。他尤其要解决好双方都存在着的一种担心遭受不利影响的想法——双方都不愿意冒险去与对方合作创造价值，因为如果另一方非常看重获取价值，自己这一方便会非常不利。

此外，一些心理上的偏见可能会使保罗的工作变得更加复杂。陷入严重冲突中的人们通常会把对方所做的一些和解性行为要么看成是耍花招，要么看成是示弱的表现。他们通常会认为，对方所采取的一些对抗性的行动更多地是出于恶意，而非形势所迫；而他们对于自己所采取的类似行为的看法则恰恰相反。这经常会导致双方互相指责对方有诚信问题，而这又会进一步将形势恶化。在激烈的冲突中，冲突

将谈判战略与实际情况相匹配

双方可能会达到这样的地步,即他们的行为更多地都是受想要获得对方的回报的愿望驱使,而极少理性地思考怎样避免伤害和创造价值。幸运的是,乙公司和丁公司之间的关系还没有发展到这种程度。

这一分析如何帮助保罗（和你）制定战略来修复已经恶化了的关系呢？首先,它强调了保罗需要付出大量的努力。为了将乙公司与丁公司的关系扭转过来,他需要在影响力阶梯的诸多梯级上采取许多协调一致的和解性行动。因此,保罗必须准备好进行必要的投资。

一些解决争端的工具和技巧也能帮助他克服掉这些障碍。例如,为了使对方不再担心遭受到不利的影响,有时为对方提供保险单会起到一定的帮助作用。假设乙公司决定全力以赴保证在很短的时间内向丁公司的两家新医院交付它的多功能消毒系统。再假设丁公司担心如果乙公司未能按时交货,而且它自己又没同乙公司的竞争对手签订合同,那么它将陷入更为麻烦的境地。为了降低丁公司的风险,乙公司可以主动提出与第三方签署履约保函,如果乙公司未能严格履行对丁公司的义务,那么该第三方就必须代其支付一笔款项。这种做法既彰显了乙公司对双方之间关系的重视,又极大地降低了丁公司的财务风险。同时,它也可以作为一种迫使采取行动的事件,将有助于乙公司内部的员工实现高水平的绩效。

还有一些技巧也可以帮助你克服心理上的障碍。丁公司中的一些关键人物,例如阿莱克斯,可能对乙公司有着非

第三章

常糟糕的印象。保罗需要了解到这些情况,而且要去挑战他们对乙公司这种旧有的看法,既可直接对其进行反驳,也可以不断地采取一些行动来达到这样的目的。在一开始采取下面这样的做法可能是个不错的主意,即宣扬他了解丁公司中这些人员的感受,乙公司承认自己对过去发生的一切负有责任,而且向丁公司承诺不必承担任何因为乙公司的义务履行不当所带来的成本。这些信息应该尽最大可能地在连接两家公司的影响力阶梯的各个梯级上清晰且重复不断地传递着同样的东西。

最后,保罗应该考虑在当前的这种情况下是否可以将第三方引入进来(这个第三方可能是双方的 CEO 都认识并且十分尊重的人物),以帮助进行调解。在争端解决方面所进行的研究已经证实,调解人可以通过促成沟通、提出一些对双方都有利的选择,以及帮助制定一些挽回颜面的解决方案,从而弥合双方之间存在着的一些仅仅依靠他们自己是无法弥合的分歧。[3]

收益:你们是在分割一块固定大小的馅饼还是在做大这个馅饼?

在评估了关系的重要性以及当前的关系状况后,下一步保罗就要确定乙公司与丁公司之间要协商的一系列问题了。明白了这一点后,他就可以评估创造价值和获取价值的机会并相应地制定他自己的战略了。考虑到当前双方关系的这种状况,对他来讲尤其重要的便是发现并增加为双方创造联合收益的机会。

正如我们先前所讨论过的,如果你参加的是一次单一议题的谈判,你通常应该从这块固定大小的馅饼中获取你所能获取到的尽可能多的价值,前提是你能够把你们双方关系的持久性问题以及这种做法对你的声誉所产生的影响考虑在内。这意味着在你努力去了解对方的底线并试图影响对方对你的底线的判断的同时,要不断地与对方进行讨价还价。

当双方要讨论多个议题时,正如乙公司和丁公司的例子那样,你或许能够发现双方之间存在着互补的利益,达成对双方都有利的交易,并为双方创造联合收益。你尤其应该通过下面的几种方式发现创造价值的机会:[4]

> **通过达成跨议题的交易。** 如果你的谈判对手对某些议题的关注度要大于你对这些议题的关注度,而且你对另外一些议题的关注度要大于你的谈判对手对这些议题的关注的话,那么你们之间便能够达成一种能为双方创造价值的交易。

> **通过在一段时间内达成多笔交易。** 如果你正在与同一个合作伙伴在一段时间内就一系列的交易进行磋商,那么你们双方都可能会为了得到现在的某些利益而放弃未来的某些利益,或为了未来的某些利益而放弃现在的某些利益。如果你们之间存在着互补的需求,那么你们之间就有了达成创造价值的交易的基础。

> **通过签订风险共担的协议。** 如果你和你的谈判对手

第三章

对风险的承受能力不同,那么你就得到了将这些差异转化成互惠的风险共担协议的机会。例如,如果对方比你更厌恶风险,那么你便可以给他们较多的固定收益,以此来换取你从这项交易中获取更高比例的风险报酬。

> **通过达成或有交易(contingent deal)**。如果你和你的谈判对手对于未来的一些事件(例如一年后的油价或者哪支队伍将获得世界职业棒球锦标赛的冠军)有着不同的判断,那么你们之间也可以打一场对双方都有利的赌。

当然,创造出来的价值必须在双方之间进行分割。同样,创造价值与获取价值的过程也是同时进行的。

为了说明这一点,我们假设乙公司与丁公司之间的问题并未发生,并假设双方正在就一次正常的向一所新医院交付消毒系统的交易进行谈判。谈判的议题不仅包括价格,也包括该系统的特色、保修及售后服务、交付及安装日期,等等。

让我们再进一步假设乙公司和丁公司之间存在着一些互补的利益。例如,如果乙公司提前交货的话,那么丁公司愿意支付比乙公司为提前交货所多支出的成本更多的钱。具体来说,假设乙公司能够提前 30 天完成交货和安装任务,并且这样做所花费的工人加班费和其他成本只有 10 000 美元,而丁公司愿意为此支付 50 000 美元,那么此项交易创造出来的净价值便是 40 000 美元。

但是,这一价值将会如何进行分割呢?我们假设乙公司并不知道提前交货对于丁公司的价值怎样,且丁公司不知道加快交货的速度会使乙公司耗费多少成本。如果它们之间共享充足的信息,那么它们将会意识到双方之间达成互利交易的潜力。但同时,它们也将尽其所能为自己获取尽可能多的价值。因此,创造价值和获取价值的过程应该是同时进行的。

这类"固定大小的馅饼"型谈判与"可做大的馅饼"型谈判之间的区别在图3-3和图3-4中得到了说明。如果乙公司和丁公司正在就一项单一的议题进行谈判,比如说一件设备的价格,那么潜在的协议可以用图3-3中的黑线来代表。线上的每一点都代表一项"分割馅饼"的协议。因此,双方在考虑持久性的同时要努力获取价值。

图3-3 "固定大小的馅饼"型谈判

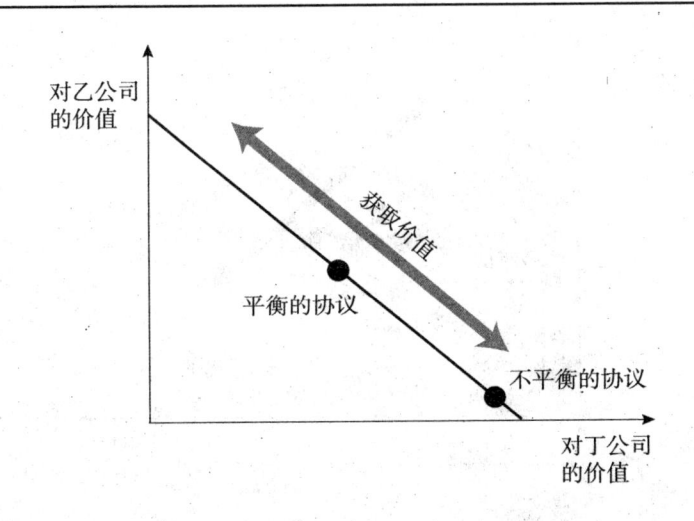

第三章

图 3-4 阐明了我们前面提到的乙公司与丁公司之间的多议题谈判中所包含的双方都能接受的潜在交易。潜在的协议用阴影区域来代表。在这种情况下，双方是可以达成一些能够带来联合收益的协议的。但是，创造出来的价值也必须被分割。

当然，双方都不是十分清楚潜在的协议区域到底在哪里。但如果双方都知道它们愿意作出怎样的取舍，且都愿意分析达成互利交易的可能性，那么它们完全可以尝试着猜测一下。然而，双方都无法做到这一点，因为它们缺少关于对方的利益和底线的充足信息。如果它们都太具防御性且不与对方共享信息（甚或主动去误导），那么它们可能会错过做大馅饼的机会。

图 3-4 "可做大的馅饼"型谈判

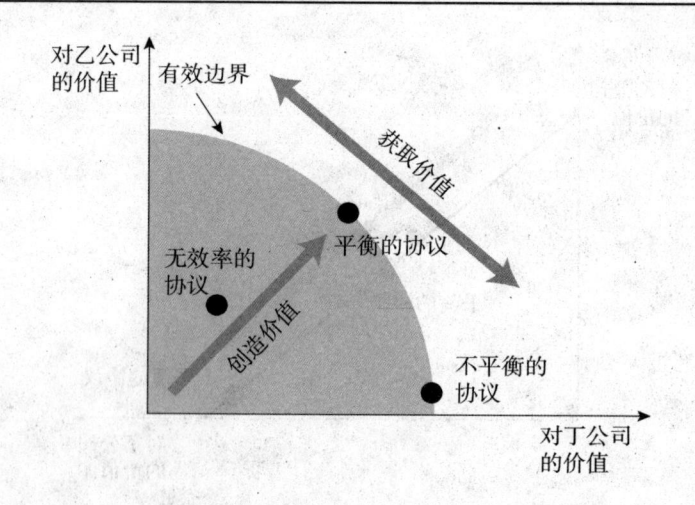

潜在的协议区域里的任何交易都会使双方获得好于它们的底线的改善；也就是说，它们创造了价值。但是一些交易创造出来的价值要大于另外一些交易所创造出来的价值。当然，双方通过分析利益和达成交易所获得的收益都是有限的。能够创造最多的潜在联合收益的交易是那些处在"有效边界"曲线上的交易。这条边界里面的交易都是无效的，因为存在着潜在的交易能够使双方都获得更大的利益。也就是说，这条边界里面的交易会使价值被闲置。

一项特定的交易会创造价值，但也会在双方之间分割价值。在45度线附近的协议比较平衡，双方都获取了不菲的价值份额。例如，丁公司同意向乙公司支付30 000美元以使其提前一个月交货，就属于这种情况。这要比乙公司所付出的成本多出20 000美元来，但同时也比提前交货为丁公司所带来的价值少了20 000美元。

如果谈判结束时，双方达成了在价值创造方面不平衡的协议的话，那么这可能会导致持久性问题的出现，即便是大量的价值被创造出来，因为一方获取了过大的份额。例如，假设丁公司等到双方几乎要达成交易时才提出提前交货的要求，并以整个交易作为要挟，拒绝为提前交货支付多于11 000美元的价钱。乙公司也许会同意，因为这个价钱毕竟还是超出了它的成本，但它可能会觉得这项交易是不公平的或者说这一过程是不合理的。

因此，你必须把在创造价值和获取价值方面所付出的努力进行平衡，但这会使你的谈判战略出现问题。为了创造价

第三章

值,你必须将有关你的利益的信息与对方共享;但这种信息共享会让你很容易被对方所左右。结果,你会陷入戴维·拉克斯(David Lax)和吉姆·西贝尼厄斯(Jim Sebenius)所称的"谈判者困境(the negotiator's dilemma)"[5]。如果你与对方共享了太多你自己这方面的信息,那么你的谈判对手很可能会将所有你们一起创造出来的价值全部掠为己有。但如果你表现得太具防备性(例如,你不与对方共享你利益方面的信息,甚至还故意去误导对方),那么你很可能会失去创造价值的机会。

两条简单的法则可以帮助你有效地应对这种谈判者困境。第一条法则是:与对方共享你的利益方向的信息通常是比较安全的。例如,丁公司可能会说:"我们很想知道你们最快能将这些系统提前多少天交付给我们。"如果你非常具体地说出了你的交易条件的话,那么这通常不是很安全的。设想一下,如果丁公司对乙公司说:"我们希望你们提前 30 天交货,我们愿意为此向你们支付 50 000 美元。"你来估计一下最终丁公司会支付多少钱吧。

第二条法则是:通常最为安全的办法是将谈判进程逐步向前推进,也就是说先与对方共享一点儿信息,看看对方是否会为此作出回报,然后评价一下他们所说的是否合情合理,最后再决定如何继续下去。这样做可以使你降低过早、过多地暴露自己的风险。

尽管通常来讲谈判者困境是你在制定谈判战略时所必须考虑在内的因素,然而它的重要程度却依赖于你所参与的谈判的类型。如图 3-5 所示，各类谈判都位于该图的横轴上：轴的一端是纯粹的"固定大小的馅饼"型谈判（我们提到过的二手车谈判），而另一端是纯粹的联合解决问题型谈判（在这类谈判中，双方在怎样解决问题和采取什么样的行动方面有着完全一致的利益）。在这两个极端上，谈判者困境问题是不存在的。在"固定大小的馅饼"型谈判中，谈判者没有理由与对方共享信息；而在纯粹的联合解决问题型谈判中，与对方共享信息是没有任何风险的。这两点中间的地带则是最为微妙的，而现实生活中我们所遇到的大多数的谈判也都是处于这个地带。

图 3-5 谈判坐标

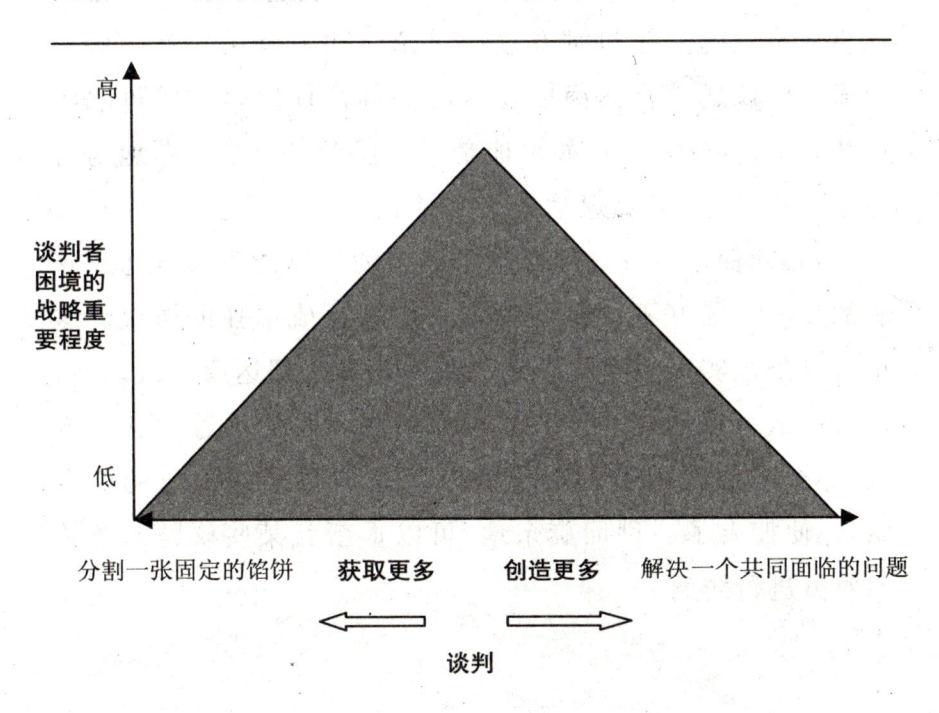

```
                        高

                        ／＼
                       ／  ＼
                      ／    ＼
谈判者               ／      ＼
困境的              ／        ＼
战略重             ／          ＼
要程度            ／            ＼
                 ／              ＼
                ／                ＼
               ／                  ＼
        低    ／                    ＼

    分割一张固定的馅饼   获取更多   创造更多   解决一个共同面临的问题
                         ←                →
                              谈判
```

第三章

这一分析对于保罗来讲意义何在呢？他需要仔细考虑，并使他的公司也能认真思索，为了修复他们与丁公司之间的关系，他们愿意作出怎样的取舍。例如，乙公司可以将丁公司所需的这套系统提前交货，但为此他们要付出很高的成本：要么是直接成本提高（例如，让工人加班加点）；要么是怠慢了其他客户；抑或是容许生产过程中出现一些"将就"的现象，但要保证这不会导致系统出现一些意想不到的问题而使事情变得更糟，而这也是要冒很大的风险的。保罗必须对此作出判断。

他还应该仔细考虑一下按次序进行议题谈判的战略。保罗是应该与对方一个议题接一个议题地进行磋商，还是应该将所有议题一并与对方进行讨论。同丁公司先就一些相对简单的议题进行磋商以建立起一种信任感是比较可取的办法。但他必须记住，如果他是一个议题接一个议题地与对方进行谈判，那么要想达成交易并创造价值将会十分困难。因此，必须保证双方之间存在足够多的议题能为双方达成互利的交易。最好不要试图就每个议题达成单独的协议。这里有一条很实用的经验法则："在一切事情都达成一致以前，没有什么可以达成一致。"如果你采取了我们推荐的这种方式，那么当你发现了创造价值以及获取更多的价值的机会时，你便拥有了一种回旋余地，可以重新就某些议题的条款与对方进行协商。

权力：谁拥有签订协议的权力？

下一步，保罗要判断一下参加谈判的代表在谈判过程中会起到多大程度的作用。在我们上面提到的二手车谈判中，谈判双方都是个人，可以被认为只拥有一种意志。而当谈判发生在像乙公司和丁公司这样的两个组织之间时，情况会发生什么样的变化呢？

答案是谈判将在多个层次上进行，既在它们之间进行，也在它们各自的内部进行。[6]保罗要想成功地修复与丁公司之间的关系，他就必须与丁公司的代表进行谈判，也就是丁公司主管采购的副总裁阿莱克斯。但是为了能够获取一个全方位的协议，他还必须参与自己公司内部的一些谈判，例如与他的CEO进行谈判，可能还要与公司新的主管生产的副总裁伊莉莎白进行谈判。

同样，保罗也应该预料到阿莱克斯也要参加其公司内部的诸多谈判，例如与他的CEO、与丁公司负责设备规划的人员，甚至还可能与其他的一些有影响力的人物进行谈判。因此，保罗必须了解对方是怎样制定决策的，以及谁将影响到制定决策的进程。

为了更好地说明这一点，让我们先把保罗所遇到的问题简化一下。如图3-6所示，假设保罗和阿莱克斯在谈判中都代表着他们各自的CEO,而其他的公司内部有影响力的人物则起不到任何作用。这意味着他们两个人都要接到上面的谈判指示（或命令），以确定什么条件他们可以同意，什么条

第三章

件则不能同意。为了达成协议,双方公司的 CEO 必须要认可(或批准)由他们双方公司的代表暂时达成的交易。

这使得保罗和他的 CEO 可以在谈判中采取"一个唱红脸,一个唱白脸"的战术。也就是说,保罗来建立与阿莱克斯之间的关系,并探究潜在的价值创造方案,而把必须由其 CEO 对交易进行批准这一事由作为获取价值的方式。当然,他应该预料到阿莱克斯也会采取同样的策略。

但是,这种形势也向决策制定者(乙公司和丁公司的CEO)和他们的代表(保罗和阿莱克斯)都提出了挑战。例如,如果你从乙公司 CEO 的角度来看待这一情况,挑战是他如何确保保罗能够在谈判中积极且忠诚地代表他的利益:这就是典型的委托人—代理人问题(principle-agent problem)[7]。因为保罗与他的 CEO 可能在利益上存在着差异,且由于是保罗参加的谈判,因此他比他的 CEO 拥有更多的信息,所以这里存在着一种风险,即保罗可能不会履行一个忠诚的代理人应尽的职责。要想降低这一风险,保罗的 CEO 应该寻求将他们两人的利益协调起来。如果保罗的奖金是以组织的整体绩效为基础的,那么这种协调可能会带来很好的效果。但如果对保罗的奖酬是以公司每季度的销售收入为基础的,他们二人之间的利益将会分道扬镳,那将是十分危险的。当然,要想将委托人与代理人的利益完美地协调起来是不太可能的,因此乙公司的 CEO 投入一定的时间用于监督保罗的业绩是十分明智的决定。

而从保罗的角度来看待当前这种状况,他也面临着如何

将谈判战略与实际情况相匹配

有效地代表乙公司进行谈判这样的挑战。由于是他在与对方公司打交道,因此他可能会看到一些他的 CEO 看不到的创造价值的机会。他可能也会意识到一些其组织内部的人员无法看到或是拒绝承认的外部现实。他是应该尽力去实现组织最大的利益还是只是他的 CEO 所指定的利益呢?

图 3-6 决策制定者与其代表

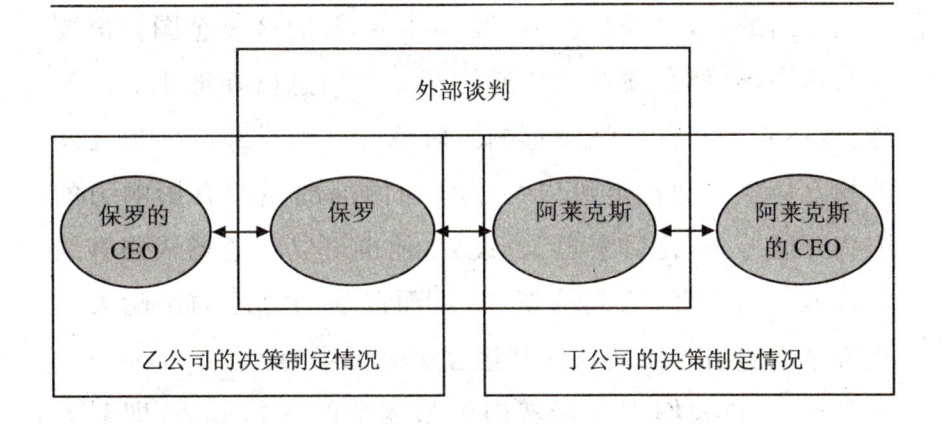

```
                        外部谈判
   ┌─────────┐   ┌─────┐   ┌───────┐   ┌─────────┐
   │ 保罗的  │←→│ 保罗 │←→│阿莱克斯│←→│ 阿莱克斯 │
   │  CEO    │   │      │   │        │   │  的 CEO │
   └─────────┘   └─────┘   └───────┘   └─────────┘
      乙公司的决策制定情况        丁公司的决策制定情况
```

如果保罗能够影响他们自己一方对于创造并获取价值的方式的看法,那么这对于他成为一名成功的谈判代表来说会产生怎样的影响呢?这是一把"双刃剑",因为他的谈判对手越是认为他在乙公司的内部决策制定中具有巨大的影响力,他们就越会尽力通过他来影响谈判进程。但如果对方认为他在其公司的内部决策制定过程中无法起到什么作用的话,那么他便可以采用"需要等候上级批复"的手段获取价值,然而他也可能会被看成一个传话筒。

下面,我们要来分析这样一个问题,即如果保罗推断出

第三章

阿莱克斯并没有忠实地代表其 CEO 的利益的话，他应该怎样做？正如我们先前所讨论过的，阿莱克斯的利益可能与其 CEO 的利益并不一致；他甚至认为，结束与乙公司之间的业务关系是最符合丁公司的利益的。让他负责谈判事宜，丁公司的 CEO 实际上是为自己创造了一个委托人—代理人问题，这使得即便是双方之间存在着修复彼此的关系并实现互利的可能性，它们可能也无法达成协议。

幸运的是，保罗有能力限制阿莱克斯的这一企图。但要做到这一点，他必须对他传递给对方的信息格外地小心。另外，他还必须找机会鼓励影响力阶梯上其他梯级的人员之间的相互接触。他甚至可以与丁公司内部的一些有影响力的人物开通一条"背后渠道"。最后，他也可以将这场谈判升级为双方公司 CEO 之间的谈判，从而以削弱自己的影响力为代价来削弱阿莱克斯在谈判进程中的影响力。

现在，让我们把目标转向更为复杂的谈判形势，即双方都有多位谈判人员参与的情况。如果乙公司和丁公司内部有多位有影响力的决策制定者对于"现实情况"持有不同的观点并且所受到的激励也不同，那么会发生什么情况？这种情形在图 3-7 中得到了阐释。

为了应对这一挑战，保罗必须努力使这三个不同的谈判同步进行。[8]为了使乙公司与丁公司之间能够达成协议，他必须既要努力促成双方之间的协议，也要努力促成各方内部达成协议。[9]

将谈判战略与实际情况相匹配

图 3-7　多层次谈判

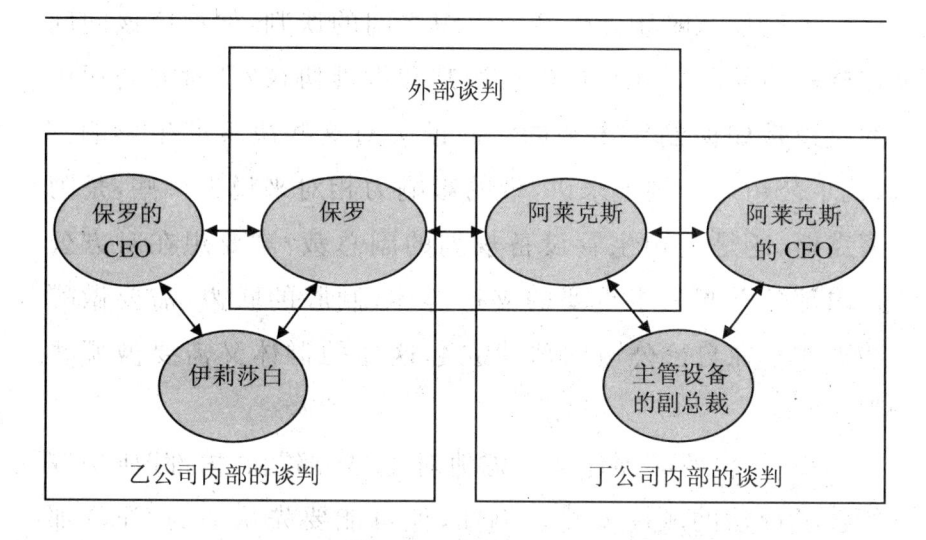

这里存在着的一个风险就是组织内部存在着的差异很难进行整合，但你还必须拿出一套让所有人都比较满意的解决方案——一种每个人都认可且不会引发组织内部冲突的方案。如果乙公司内部确实存在这样的情况，那么保罗在与丁公司进行谈判过程中所表现出的创造并获取价值的能力将会受到严重的束缚。

例如，假设他认为乙公司应该保证在不出现质量问题并按时交货的情况下向丁公司提供设备和技术支持，即便是这样做可能会使公司在满足其他客户的要求时出现瑕疵。而伊莉莎白却强烈反对这样做。那么到什么程度的时候，保罗应该放弃那种尽量使组织内部达成一致的努力，而转向让公司CEO强迫执行他认为最为符合公司利益的"解决方案"呢？他应该怎样做才能保证不会彻底破坏他和伊莉莎白之

第三章

间的关系呢?

无论什么时候分析多个组织之间的谈判,你都应该问问这样一些问题:"谁有权进行谈判和批准协议?""对方公司中的决策是如何制定出来的?而谁会对这些决策产生影响?"(就丁公司这个例子来讲,谁的影响力相对来说大一些,是阿莱克斯,还是公司主管设备规划的副总裁?)"要想在对方公司内部建立起一个重要的支持群体(制胜的联盟)需要做哪些工作?在自己公司内部建立起这样的群体又需要做哪些工作?"

最后,保罗必须仔细考虑他对于"外部"和"内部"所采取的各项行动的顺序安排。例如,他可能要先从他的CEO那里获得广泛的授权,然后再与"外部"进行早期的商讨,接着再向"内部"寻求建议(可能要与CEO和伊莉莎白单独进行交流),等等。这里存在一个相关的问题,与信息控制有关:什么信息应该与"外部"共享?什么信息应该与"内部"共享?什么时候可以共享这些信息?

要想成为一名成功的谈判代表,你必须像古罗马的门神杰纳斯(Janus)一样。他有两张脸,一张脸朝前,一张脸朝后。你的角色是要作为一个连通内部决策与外部谈判之间的桥梁,并让一些脾气不太好且有影响力的人物的个别利益得到尊重。这要求你必须发挥你的领导力,而这种领导力必须是以其他人对你的信赖和你的领导技巧为基础的,绝不可单凭权力发号施令。如果你能积极地影响CEO对你的授权,对你想要实现的目标也有一个清晰的概念,并且为了影响"内

将谈判战略与实际情况相匹配

部"人员和"外部"人员的看法不知疲倦地工作,那么你为你所代表的一方(和你自己)创造利益的能力就会得到最大化。

联盟:谈判是只包括两方还是包括更多方?

为了有效地影响乙公司与丁公司内部的谈判,保罗必须构建起一些联盟。双方谈判与多方谈判有着显著的不同,因为联盟的存在几乎总是会使情况出现一些变化。[10]因此,你应该对联盟进行一次认真的分析,并相应地制定你的战略。

对联盟的分析可以从提出下面这个问题开始:"哪些联盟是制胜型的,而哪些联盟是阻碍型的?"[11]所谓制胜型联盟是指多方谈判中某几方联合起来,从而能够将其所希望得到的结果强加给其他方的联盟。而阻碍型联盟是指几方的联合不但无法实现它们自己的目标,而且也会使你为达成你方目标的努力付之东流的联盟。因此,必须要对现有的联盟情况进行评估并要找出谁的支持是关键性的。例如,在处理与丁公司关系的例子中,阿莱克斯本人是否拥有足够的权力让保罗试图修复双方关系的努力毫无意义,还是他必须要说服他的CEO支持他的观点?

为了影响多方谈判的作用机理,你必须弄清楚权力掌握在谁的手里以及现在存在的联盟是什么性质的。权力是某几方所拥有的代表其他方作决定的一种正式、被承认且被接受的权利。权力的安排可以遵循严格的层级制度(一个人来决定),也可以由一群平等的人中的一个人说了算,还可以是多数服从少数,少数服从多数,或必须是全体一致的同意(也

第三章

就是说每个参与者都有一票否决权)。保罗要想在与丁公司的谈判(和对付自己公司内部人的)过程中取得成功,他必须清楚地了解这些组织中的权力状况。丁公司的CEO是大权独揽,还是不管什么事都在努力寻求全公司内达成一致。

保罗还应该尽力去了解现有的联盟,要意识到联盟有不同的类型,而不同类型的联盟影响着他下一步的策略。共享利益型联盟(shared-interest alliance)通常是在拥有相似利益的各方之间的一种长期、持久的关系。这种类型的联盟天然就是稳定的,很难打破。各怀鬼胎型联盟(strange-bedfellow alliance)通常是短期和机会主义的,它是建立在互利交易的基础上的,也就是说各方之间是需要互相利用的。这种类型的联盟关注的议题范围通常非常狭窄,持续期间相对较短。考虑到这一点,各怀鬼胎型联盟在分而治之(divide-and-conquer)型策略面前很容易土崩瓦解。

为了深入进行他的分析,保罗应该努力勾画出乙公司与丁公司内部的影响力网络,看看他是否能够看清楚这两家公司的遵从模式(pattern of deference)。[12]领导者可能有权作决策,但即便这样,他可能也要遵从那些他们比较尊重的其他人的意见,或至少要受到其影响。[13]如果丁公司的CEO果真是他们的关键决策制定者,那么他在制定决策之前会向谁进行咨询呢?谁会对他产生较大的影响,是阿莱克斯还是主管设备规划的副总裁?他有重要的顾问可以获取建议吗?这个顾问是正式的还是非正式的?内部的还是外部的?

对权力、联盟以及遵从模式的分析将会帮助保罗制定一个排序战略——一种你和其他谈判方一道能够对多方谈判的结果施以极大影响的特定顺序。[14]为什么呢?因为它会帮助你形成一种推动力。你可以一次与你的众多谈判对手中的一个进行谈判,而不是同时与所有的对手都进行谈判。这样你就可以通过以一种能够创造推动力的特定的顺序与这些谈判对手打交道,从而实现一种先发优势;早期的成功将会提高后来的成功的可能性。

例如,在乙公司内部,保罗应该考虑他是应该首先与伊莉莎白进行接触并同她制订出一套计划,然后提交给公司的CEO,还是应该先从CEO入手,争取获得CEO的理解,以此来影响伊莉莎白的看法。从更普遍的意义上来讲就是说,你应该考虑一下你究竟是要采取一种"顺流而动战略"(bandwagon strategy,即从相对较容易说服的人入手逐步向相对较难说服的人过渡),还是要采取一种"关键人物战略"(linchpin strategy,先从较难说服但具有很大的影响力的人入手)。

究竟选择哪条路在一定程度上取决于你通过对决策权的分析(我们先前曾讨论过)了解到了哪些东西。如果决策是根据少数服从多数的原则制定出来的,那么采取"顺流而动战略",先从较容易说服的人着手更为合适些。但如果决策是由单独的一位决策制定者独立作出的,或者是另外一种极端情况,即每个人都有一票否决权,那么你能否说服一些关键人物便非常重要了。如果你能,那么他们能帮助你将其他人争取过来;如果你不能,那么即便是你采用了顺流而动

第三章

的战略,并且在开始阶段取得了成功,那么其实你也不过是在浪费时间而已,因为你最终还是无法说服这些关键人物,你将功亏一篑。

在制定排序战略的同时,你要预计到其他谈判参与者可能也在通过排序构建和巩固他们自己的联盟。阿莱克斯可能在制订他的排序计划,他的计划可能会与保罗的计划之间发生相互作用。如果果真是这样的话,那么结果很可能导致双方对一些关键人物的支持展开激烈的竞争。老练的联盟构建者应该能够预计到对手会采取哪些行动并先行一步。

保罗所面临的一个相关的战略选择不是他到底是应该一个一个地对付其他谈判对手还是应该同时面对他们,而是如何将一对一的会面与群体会议结合起来以创造一种推动力。在国际外交领域,这两种模式被分别称做是穿梭外交(shuttle diplomacy)和峰会外交(summit diplomacy)。关键问题是如何能够将两者正确地结合起来。一对一的会面在以下几方面是有好处的:可以了解其他方的立场;可以通过提供私人信息来影响他们的观点;可以就一些附带的交易进行磋商。

但是一次严肃的多方谈判的参与者们通常不愿意作出最后的让步,除非他们面对面地坐到一起来。因此,各方都参加的峰会对于让人们作出最终的让步并当众签订合同来讲是一种非常好的环境。但是必须小心,如果准备不够充分,时机不够成熟,那么这种群体会议可能会阻碍联盟的形成,或者促使拥有否决权的一些参与方撤出。无论出现哪种情况,你都在不经意间促成了一桩迫使采取行动的事件,而它引发了谈判的破裂。

通常来讲,将一对一会面与群体会议这两种方式结合起来能使事情更好地向前发展。这种做法可以与我们先前所讨论过的策略结合起来,即在对细节问题进行谈判之前,先就一系列的原则或框架进行协商。具体来说,你可以先就一系列的原则(甚至是谈判过程本身)与其他方进行磋商,先是采用一对一会面的形式,接着再采取群体会议的形式签署协议。然后,你可以将关注的重点转向细节问题。还是采用上面的做法,先是采取一对一的模式,等时机成熟了,再组织接下来的峰会。

最后,让我们回想一下,北极星目标的其中之一便是可持续性。将此牢记于心是十分重要的,因为建立联盟是一回事,而维持联盟则是另外一回事。你如何能确保这些联盟能够长期持续下去?仅仅争取到一些支持是远远不够的,因为这些支持随时可能离你而去,而且其他的谈判参与者也会对这一联盟分而治之。如果你能拿出精力将其用在维护并深化你的支持者对你的支持力度上,那么你便很难迷失方向。[15]

关联: 这些谈判是否与其他谈判之间存在着联系?

最后,保罗应该对影响乙公司与丁公司之间整体关系的各个谈判之间存在的联系进行一次认真的分析。让我们回想一下,在讨论保罗与甲、乙、丙三家公司进行应聘谈判时,我们曾经分析过联系的话题。我们得出的结论是,他在有些

第三章

事情上做得非常好（我们指的是他与多个潜在的雇主进行谈判），但在有些事情上他原本可以做得更好（例如，他本可以将这三个谈判同时进行，这样的话他就不必被动地给出最终的答复了）。

就联系这个话题来讲，一种极端的情况是完全独立的谈判，也就是说这类谈判不受谈判各方所参与的其他谈判的影响，而且它也不会影响谈判各方同时正在进行的其他谈判或未来将要进行的谈判。在我们所举的二手车的例子中，这一谈判所包含的关系便是买方与卖方之间完全独立于外界的一种关系。卖方没有同时与其他潜在的买主进行谈判，买方也没有同时关注别的车。双方各自的底线都是事先确定好的，联系并没有在他们的谈判中起到什么作用。

但请注意，对于真实世界中的二手车谈判（以及与此类似的其他谈判）来讲，那么简单的情况是很不现实的。更为常见的情况是，多个相互联系的谈判正在同时进行，买方与两个或两个以上的卖家谈判，而卖方则与两个或两个以上的买家谈判。结果是双方创造了一个相互联系的谈判系统，并在这个系统中发生相互的作用。[16]

当你在面对相互联系的谈判时，什么东西发生了改变？一方面来讲，联系极大地影响了谈判者对于他们所面临的选择的看法。卖方所面临的选择绝非是静态的，他在当前与潜在的买方所进行的谈判中面临的选择有赖于他在另一项谈判中所获得的承诺。另一方面来讲，你现在必须考虑谈判的次序（在这个相互联系的系统中你与其他的谈判者以怎样的顺序打交道)和信息的控制(关于其他谈判的哪些信息可以在当前的谈判中与对手共享)。如果能够有技巧地安排谈判的次序和合理地利用信息控制,这将极大地提高你在相互联系的谈判系统中创造并获取价值的能力。

为了提高你方的利益,首先你必须清楚,联系的类型有多种多样,这对于制定谈判战略具有重要的意义:

> 如果一个谈判中的事件会影响到另一个谈判中的事件,而不是相反,那么称这两个谈判属于次序性关联。例如,过去的谈判可以为当前的谈判树立先例,而当前的谈判又可以为未来的谈判树立先例。但这种影响力流只是单方向的,是不可逆的。

> 如果影响力流是双向的,两个谈判中的事件是相互作用的,那么称这两个谈判属于交互性关联。保罗与甲、乙、丙三家公司之间所进行的应聘谈判以及目前他所负责的解决乙公司与丁公司之间争端的谈判都是交互性关联系统的例子。

就我们上面刚刚提到的交互性关联系统来讲,它又可以分为几种次一级类型的关联:

> 当一方与两方或多方进行谈判,但只有其中的一个谈判可以最终签订,那么可以称这几个谈判之间存在竞争性关联。当保罗与甲、乙、丙三家公司同时就潜在的职位进行谈判时,他实际上是在努力创造一个竞争性关联的系统,这样他便可以使其潜在的雇主之间展

第三章

开竞争,从而使他自己所面临的选择状况得以改善。但是这些潜在的交易中只有一个能最终实现(在本例中就是乙公司)。当然,各家公司也在接触多个潜在的应聘者,因此它们其实也在玩一场竞争性关联的游戏。

> 如果希望两个或以上的谈判中的一个能够达成协议需要这几个谈判都达成协议,那么就可以称这几个谈判之间存在相互依赖性关联。当创业企业要通过谈判达到既获得资金又为团队招募到合适人员的目的时,它们通常会面临这样的挑战。要想得到合适的人,他们需要钱;而要想得到钱,他们又需要合适的人。在保罗当前所面临的情况下,乙公司与丁公司各自内部的谈判和两家公司之间的外部谈判就存在相互依赖性关联。

为了评估增加你方利益的机会,你应该询问一下如下几个问题:

> 是否存在着创造竞争性关联的机会,以增加我方的利益?我能通过与其他的谈判参与方合作的办法削弱别人利用竞争性关联对付我的能力吗?

> 创造相互依赖性关联会让我得到重要的资源或增加我在讨价还价中的话语权吗?我能够找到办法将一些相互依赖性关联消除掉吗?例如,如果保罗决定启动双方公司 CEO 之间的讨论以解决乙公司与丁公司

之间存在的争端的话，他就要将内外部相关联的这一系统有效地瓦解，从而将其变成一个单独的个人对个人的谈判。

最后我们要指出的是，无论什么时候应对相互关联的系统，安排好各种相互关联的谈判的顺序是非常重要的。作为沟通与丁公司的外部谈判和乙公司的内部谈判之间的桥梁，保罗所处的位置为他管理这二者之间的信息流提供了机会。在竞争性关系的谈判中，你必须考虑先与谁发生接触，想要他给出多么详细的条件，何时以及如何利用这一条件向其他方施压。

总结性评论

最终，保罗非常成功地修复了乙公司与丁公司之间的关系。他与公司的 CEO、伊莉莎白以及其他一些内部关键人物之间进行了一系列的讨论。他们最终达成共识，即乙公司应该全力以赴来恢复与丁公司之间的关系，尽管这样要承担一定的风险，比如说可能惹恼其他的一些客户。而伊莉莎白也已经在质量和可信性问题上取得了不小的进步，使得乙公司可以有信心向丁公司的这两家医院作出新的交付承诺。

而后，保罗又说服了他的 CEO 将他们的建议私下里转达给丁公司的 CEO。这有助于缩短丁公司内部的决策程序并降低阿莱克斯的影响力。保罗知道阿莱克斯私下里对于他的这些举措肯定非常恼火，但他仍希望随着事情的向前发展，他能够把阿莱克斯争取过来，或者是希望当前的这种关

第三章

系可以持续到阿莱克斯卸任以后。

两家公司的CEO之间的会面似乎进展得很顺利。保罗还力谏他的CEO对于过去发生的不愉快公开致歉,并承诺不会再让类似事情发生;他的CEO也同意这样做。这一切再加上雄心勃勃的承诺以及公司随后履行这些承诺的能力终于让两家公司的关系又回到了平稳发展的轨道上来了。然而,保罗也意识到双方的关系与以前还是不太一样,没有那么亲密了。但考虑到发生过这么多的不愉快,能回到现在这种状态已经是人们所能期望达到的最佳状况了。

谈判人员清单

关系

这是一种一次性的交往还是一种长期关系的一部分?

如果是前者,这对其他的关系和你的声誉有什么影响吗?如果是后者,那么那种关系是如何创造价值的?

冲突

你和你的谈判对手对于彼此是持一种中立的态度还是积极的态度?换句话说,你是否在一种存在争端的背景下进行谈判?

你能采取哪些措施稳定形势并避免冲突额外的升级?

你能将这种形势平息下来吗?如果能,那么你要采取怎样的措施?你的目标是要修复双方之间的关系还是要使双方分道扬镳?

收益

要讨论的一整套议题都有哪些?

你要作出哪些权衡？你的谈判对手呢？

这对于你将如何创造价值和获取价值有什么样的影响？

权力

"内部"谈判与"外部"谈判之间是怎样相互作用的？

如果你是谈判代表，你应该如何弄清楚各种角色并获得CEO对你的授权？

谈判各方

谁将参加谈判？他们权力的源头是什么？

什么是潜在的制胜型联盟和阻碍型联盟？

这对于谈判顺序来讲有什么影响？对于穿梭会议和峰会的使用有什么影响？

关联

你当前所进行的谈判与其他谈判是否存在联系？

这对于你在这个关联系统中采取的行动所依据的顺序有哪些影响？

这对于你应该如何、何时分享信息有哪些影响？

第四章　制订计划以了解和影响谈判对手

保罗在化解与丁公司之间的危机方面所取得的成功是一次非常关键的"早期胜利"。这使得他在其同事、团队及老板的心目中的可信性都得到了提升,确立了其在组织中的一种不可忽视的地位,并帮助重新激活了组织中许多人的干劲。

但保罗明白,他不能躺在荣誉上面睡大觉。伊莉莎白正在迅速地处理公司在生产和可信性方面出现的问题。用不了多久,公司便可以对竞争对手进行回击。而销售部门必须作好准备首当其冲。

保罗已经开始着手为将来打基础了。他与公司的人力资源副总一道,开展了一次招聘活动,以填补因销售人员大规模地转投其他公司所造成的职位空缺;另外,他还任命了一个新的销售培训主管。与此同时,他又聘请了一位薪酬顾

第四章

问来为公司的销售团队设计一个新的薪酬方案。他已经与伊莉莎白就建立一个跨职能团队以协调销售和生产（其使命是平衡增长与质量和可持续性之间的关系）的事宜进行了商议。

但是，仍有一个十分关键的缺口没有补上，那就是对销售团队在 IT 方面的支持。说现有的这套销售支持系统 CustomerContact 已经过时有些太轻描淡写了，按照保罗的话来讲，它是古生代早期设计的。其数据库非常不稳定，功能非常有限，无法与公司的其他系统连接起来，而且其界面也相当糟糕。除了为了报告的目的而使用它以外，乙公司的销售人员中只有极少数真正地使用过它。因此客户数据既零散又过时。如果这个系统曾经是活的，那么它一定是在很久以前就已经死掉了。

保罗知道他想做什么：购买并采用 SalesForcePlus 这一该行业内最先进的系统。它将易操作的客户数据库和优秀的规划与报告工具完美地结合起来。它还将与乙公司在生产和履约方面现有的企业资源规划系统实现无缝整合。保罗在他先前工作过的公司曾经使用过这一系统，他确信这一系统能够大幅度地削减成本和提高公司的销售效率。

现在的问题是购买该系统需要多少投入。运行该系统最基本的费用接近 300 万美元，保罗想要的一些额外的配置又要再加 100 万美元。保罗事先做了一些准备工作，然后向公司的 CEO 和 CFO 提出了最初的建议——该建议以一个非常有说服力的商业案例作为支持。CFO 立刻就拒绝了保

制订计划以了解和影响谈判对手

罗的建议,他说除非公司在财政上能重新恢复一种稳定的状态,否则是不可能负担得起如此昂贵的投资的。公司的CEO虽然不像CFO表现得那样消极,但他也表达了同样的担心。他问保罗是否可以用现有的系统再应付一年,或者说找到一种成本更低一些的解决方案。

保罗认为,现在公司需要的并不是一种权宜之计。如果公司想扭转当前的这种态势并直面竞争的话,那么销售团队就必须得到足够的支持。什么也不做意味着机会的丧失,也意味着公司将进一步让客户离自己而去。但如果执行错误的系统,情况将会更糟。尽管还存在着其他的一些成本更低的选择,然而它们都存在着很多重大的缺点。一旦公司购买了这样的系统,那么在可预见的未来公司将会被禁锢住。保罗决定,他宁愿等待,直到得到合适的系统。如果这意味他还要继续忍受CustomerContact系统的折磨的话,那么他要么是接受,要么就辞职。

但是保罗不打算在不经过任何努力去说服公司的CEO和CFO的情况下就选择放弃。他所面临的下一个重大的"新领导者"谈判挑战便是想方设法地影响这两个人。他的目标是要让他们看到短期的成本将会被中期的收益所抵消,而且这样做还会降低公司在当前这一关键时刻进一步疏远客户的风险。

正如我们在前面所讨论过的,保罗应该从分析谈判结构和认真思考这对于其战略的影响入手。谈判的参与者包括公司的CEO、CFO、伊莉莎白和IT部门的副总裁特德。在乙

109

第四章

公司工作的这头几个月的时间里,保罗对于公司高层内部存在的影响力网络有了一个非常深刻的了解。根据排序战略,保罗首先与这位 IT 部门的副总裁进行了接触,并且发现特德非常渴望能拥有一个新系统,只是他不知道应该采用什么样的系统。同样,保罗也与伊莉莎白进行了沟通,而且发现她也深有同感。和保罗一样,她也不想困在系统整合的噩梦中,她觉得宁可什么系统也没有也不要使用一个不合适的系统。但同时,她也对于乙公司是否具备妥善地完成整合工作的能力表示出了自己的担心。

尽管来自特德和伊莉莎白的支持在一定程度上对保罗起到了帮助作用,然而他们合起来对公司 CEO 和 CFO 的影响力也是十分有限的。因此在这一谈判中,主要的一些行动都是发生在谈判桌旁,即保罗和关键的决策制定者之间的讨论。在表 4-1 所示的谈判战略矩阵中,保罗必须把目光着眼于左下角的框中。他必须在与其谈判对手的一系列面对面的交流中做到"有效地了解和影响"。

表 4-1 谈判战略矩阵

	参与谈判游戏	引导谈判游戏
在谈判桌以外	作准备并制订计划——分析谈判结构并制定与实际情况相匹配的战略。	单方面地改变谈判结构——主动发起其他的一些谈判;单方面地采取行动从而对参与谈判的人员及谈判议题等产生影响。

(续表)

在谈判桌旁	了解并影响——在努力影响他们对你的利益及你所面临的选择的看法的同时,了解谈判对手对他们自己的利益和面临的选择的看法。	商定谈判结构——就谈判人员、谈判议题、谈判最后期限以及其他一些关键的要素多次展开磋商。

利益与选择

你可以以两种基本方式影响别人。第一种方式是让他们相信,事情按照你所希望的方式进行也是符合他们的利益的。第二种方式是让他们明白,你所希望实现的一些做法是他们的最佳选择。

以利益为基础劝说一定要让被劝说人看到如果按照你所建议的路线走下去的话,他们的欲望和需求将会得到充分的满足。正如我们在上一章所讨论过的那样,这要求实现一种互利的交易,它可以在以一种可接受的方式分割馅饼的同时为谈判双方创造联合收益。而要做到这一点,反过来又要求你和你的谈判对手都要了解你们各自的利益和你们所要作的权衡。

这就要求保罗要更多地了解 CEO 和 CFO 的利益所在。他们真正在乎的是什么?或者可能更重要的是,他们最关心的是什么?他们愿意作出怎样的取舍?他们想避免怎样的风险?他们的需求和欲望是什么?要做到这些,保罗必须深入地了解这两个人以及他们对当前形势的看法。只有这样,他才能为这场谈判作最好的准备。

111

第四章

为了加深对他们的了解,保罗应该分析一下他们身上存在的驱动力量和束缚力量（driving forces and restraining forces）。[1]面临艰难抉择的人们通常会感觉到有两种相反的力量在将他们向两个相反的方向施加推力。驱动力量推动着他们朝着他们想去的方向前进,而束缚力量则推动着他们向着其他的方向前进。力量争斗的源泉可能是内部的冲突（相对于Y,我更想要X吗?）,也可能是外部的社会压力（我如何履行我向Z所作的承诺呢?）。如果压力很大且彼此相互对立,那么人们通常会直到遇到被迫采取行动的事件时才会作出最终选择。这样来看,以利益为基础的劝说的本质在于加强驱动力量并减弱束缚力量。

实现你想要的结果的第二种途径是通过以选择为基础的劝说。人们如何看待他们所面临的选择?你是否能做一些事来对此产生影响?例如,通过创造新的可能性或减少可行选择的数量。顺便提一句,这在以前是父母们用来对付孩子的技巧。"你还想在公园再待多长时间?"是一个很危险的问题,而"你还想再待十分钟吗?"则相对安全得多。

对于保罗来讲,他应该清楚地了解公司的CEO和CFO在当前的形势下是如何看待他们所面临的选择的。如果答案是"要么投资于这套昂贵的系统,要么是在没有任何损失的前提下暂时使用当前的系统,以后再使用新系统",那么他将有许多工作要做。幸运的是,他仍可以做很多事情来影响这两人对他们所面临的选择的看法。

在谈判桌旁了解对手

下一步,保罗应该去努力了解其 CEO 和 CFO 的利益所在以及他们所面临的选择。他可以通过人们惯常采用的谈判前准备来做到这一点,例如,与认识这两位高管以及很可能是为他们提供建议的人进行谈话。但是,这种准备对于他想获得对这两位高管的深入了解的目的来说,只能起到很小的一点作用。

对于谈判,人们最为经常提到的建议便是"作好准备"。在正式参加谈判之前,你曾经得到过多少次忠告要你进行认真的准备(无论是在谈判内容方面,还是在你的谈判对手方面)?同样,你又得到多少次建议要你详细计划好你在谈判中所要采取的策略,并预测对手针对你的策略所采取的策略?

只要不是特别地离谱,"作好准备"总是一个很好的建议。如果在研究分析谈判方面所进行的合理投资会提高你创造和获取价值的能力,你当然不想进行无准备的谈判。如果在制订计划方面所作的合理的努力可以使你在谈判中不至于显得无所适从的话,那么你也不想给别人造成这样一种印象。

然而,这里的关键词是"合理",因为要想在谈判之前就了解所有你想了解的情况是根本不可能的,而制订一个能够将所有可能的偶发因素都考虑在内的计划也是不可能的。在作准备和订计划方面存在的限制和成本收益方面的权衡

第四章

是不可能被忽略的。

即使是不考虑你所要投入的时间和精力的因素,你也不可能了解到你想要了解的所有事情,因为许多有用的信息是无法获得的。其他的一些信息可能能够获得,但却需要你在时间和其他资源方面付出一些成本,而这些成本要远远超过这些信息所能带来的价值。

在这种情况下,保罗猜测CEO和CFO在乎什么以及他们如何看待他们所面临的选择相对来讲是没有什么意义的;在谈判桌旁通过与这两位高管的直接交流来收集那些信息似乎更好些。因此,他应该认真考虑"什么"(他最需要了解的是什么?)和"怎样"(他怎样才能以最好的方式获得他所需要的信息?)的问题。换句话说,哪些情况对于他制定策略来讲是最为关键的?他如何以一种最有效且高效率的方式来掌握这些情况?

大部分的"什么"我们已经讨论过了。为了了解他们的利益所在,保罗应该努力去了解他们身上存在的驱动因素和束缚因素。按照罗杰·费希尔(Roger Fisher)的话,保罗需要确定是否存在"会得到同意的假设(yesable proposition)",如果有的话,那么是什么?[2]

如此说来,保罗首先应该弄清楚为什么他的建议会遭到拒绝——不仅仅遭到CFO的拒绝,而且还遭到CEO的拒绝。对于这个问题,保罗已经有了一些头绪。他们之所以对他的建议说"不"主要是由于需要的投资太多(一种束缚力量)而致,而且他们并没有一种紧迫感,或者说没有意识到等待下去将会给公司带来的负面影响（缺少一种驱动力量）。但是在采取行动之前，保罗必须确认他的这一假设并进行深入的分析，从而保证没有其他未发现的力量在起关键的作用。

同时，保罗必须分析这两位高管是如何看待他们所面临的选择的。根据他先前与他们所进行的交流来看，他们似乎只是把这看做是一个可以简单地用"可以"或"不可以"、"投资"或"不投资"来回答的选择题。但是，对于保罗来说，明智的做法是看得更深入些，看看这两位高管中是否有人意识到了实际上存在着更大的选择范围。

了解的方式

既然保罗要通过与CEO和CFO的接触直接了解他们，那么他应该如何安排这一了解过程呢？对这两位高管，他应该从与他们分别进行沟通开始。为什么要这样呢？因为正如上一章所讨论的，他很可能会通过私人的会面获得对对方的深入了解——在这样的会面中，CEO和CFO不能作为彼此的观众。例如，在这种情况下，保罗可能会发现其实CEO并不像他所表现出来的那样对投资于此项目如此反对，他只是受到CFO所作出的反应的影响而已。也可能是这样一种情况，即CFO觉得他必须向CEO证实他对公司的财务状况了如指掌。所以在这个时候，再举行三方的会谈不大可能起到任何帮助作用。

保罗还需要作出一个排序决策：他首先应该与谁进行谈

第四章

判？如果保罗十分确信CFO是强烈反对的，那么他应该先找CEO谈。但是这样做也会存在风险，即这将使CFO进一步坚定他的立场。总而言之，采取"关键人物"战略、先与CFO进行谈判可能是比较合理的。

接下来，保罗要面对的问题就是如何来安排这些会面。他应该从设定了解的目标开始："我知道现在你对于投资于SalesForcePlus系统这一问题有疑虑。我们可以更详细地讨论一下这个问题吗？"

一旦与对方进行会面，保罗应该把重点主要放在"积极的倾听"上，而不要针对投资的好处与对方展开争论。他的目标应该是既要了解对方，又要让他们感觉到他果真是在寻求双方之间更多的理解。认真的倾听本身便是一种有效的劝说方式。为了做到积极的倾听，保罗应该遵循以下这些指导原则：

> 提出一些能够促使对方进行深思熟虑的问题。不要问一些只用"是"或"不是"就能够回答的问题，也不要问一些会引起对方作出防御性反应或是用下意识的重复叙述就可以回答的问题。"为什么你对公司如此急需的系统持这样的反对态度？"便不是一个好问题。"你对公司当前的投资能力感到担心，这一点我非常理解；你能详细地和我谈一谈你的想法吗？"则相对较好。保罗应该在会面之前花时间来把一些不错的问题写下来。

> 对关键问题的答复要进行多次确认。以两种或三种

方式询问同一个基本问题（当然不是连着提问，而是在整个会面的过程中），看看对方给出的答案是否是一致的。通过这种方式，你经常可以发现额外的隐藏着的束缚力量。当然，采取这种方式时你必须得小心，以免使对方觉得你不相信他们对你说的或你没有认真听他们的话。

➢ **总结对方所说的话并检验你是否真正理解了对方的意思**。把你所听到的反馈给对方，这一方面是为了表明你一直在听并且理解对方的观点，另一方面也的确是向对方求证你是否真的理解了他的观点。要注意的是，总结对方所说的话并检验你是否真正理解了对方的意思很可能会演化成积极的劝说。因此，必须当心：这样做一定要有个度。没有人喜欢别人将他们的话作歪曲的理解。

➢ **用"要是……怎么办?"这样的问题来试探对方反对的态度有多坚决**。像"如果 X 是真的，那么你的担心是否会减弱"这类的陈述会有助于你获得对束缚力量的本质和强度的更深入的理解。这里，积极的倾听又一次为劝说打开了一扇门。如果能很好地利用这种方式，那么双方立场的交流会转化成一场对话，对话的中心问题是如果按照你所希望的路子走下去的话需要哪些条件。

➢ **注意对方所作出的强烈反应**。当你询问问题并对你所了解到的东西向对方进行反馈时，认真关注对方强

第四章

烈的情感反应,因为这也能让你对于束缚力量产生一些了解。要巧妙地试探对方的这些反应,比如说通过一些诱导性的陈述,像"你似乎对……反应很强烈"等等。但这里还要注意,千万不要不必要地引发对方的一些防御性反应。

当你积极地倾听并努力寻求对谈判对手的了解时,一定不要陷入两个常见的陷阱中。第一个陷阱我们在前面曾经提到过,就是在不经意间引发了对方的防御性反应,这会使得对方变得更加固守自己的立场,而不愿去探索能够创造价值的方案。因此,一定要注意对方的一些防御性的肢体语言(例如双臂交叉或双腿交叉,然后身体从谈判桌边向后靠去)。如果你观察到了这样的举动,你就应该也向后靠一靠(表明让步的态度),从而给对方一个机会恢复原来的状态并重新参与到谈判中来。

第二个陷阱就是对对方进行一种所谓"自我实现的了解"。你如果想在谈判中成功地了解对方,你所做的一切必须受一种"观点"的约束和指导,这种观点在谈判一开始便在你的头脑中形成了,它是关于你的谈判对手的利益及你们双方达成协议的可能框架的一个假设。但是请注意,千万不要让你原有的一些判断给你的信息收集工作带来过多的偏见,令你误入歧途。这里,关键的一点是要在你的头脑里清晰地区分开假设和臆测。

在本例中,保罗与对方所进行的对话基本上证实了他原来的假设。CFO 非常重视降低短期投资,而 CEO 也很赞同

制订计划以了解和影响谈判对手

这一观点。他还得出结论,他们并没有把销售支持系统看成是一种"燃烧的平台(burning platform,心理学上的一个概念,它是指可以让人迸发出巨大潜力的一种极端条件。——译者注)"式问题——为了处理这类问题而打破财务上的约束是完全合理的。

同时,尽管他们还是主要把这看成是一个"要么做,要么不做"的决定,然而保罗已经成功地说服他们去考虑其他的一些选择。他与CEO的会面最终达成了这样的协议:保罗去作进一步的分析,然后提出一些范围更广的选择。

除了对于该系统及其成本进行背景研究外,为了准备好下一步的谈判,保罗还应该做些什么呢?他应该考虑如何来影响他们对于其自身利益和所拥有的选择的看法。这意味着他应该认真思考他的框定战略和影响选择战略。

框定(和再框定)

框定是指影响你的谈判对手用来评价其利益和作出权衡的参考框架。他们认为"问题"是什么?他们如何来判断哪些问题是最关键的?你如何影响他们的这些判断?如果我们回过头来看一下劝说你的一位同事去吃中餐而不去吃意大利餐的例子,你可能更希望这位同事运用一种"健康"参考框架来作决策。

框定这种方法之所以起作用,是因为只有在必须作出具体的选择时,人们对他们的利益的评估才能明朗化。另外,人们用来分析形势的"思维模式"取决于形势是如何被呈现

第四章

出来的。[3]（参见"风险与损失规避"）

你的思维模式是由你过去的经历、你所受过的专业培训以及你所接受到的文化熏陶共同造就的；它体现着你的价值观、你对事物的假定方式、你对重要事情的判断、你对因果关系的看法，以及你对其他人行为的期望。[4]它们会提供给你看待新形势的经验法则和蓝本。[5]

例如，就CFO来说，如果财务思维模式在他考虑问题时起关键作用，那么保罗不应该感到十分惊讶。保罗建议要进行一笔投资，因此他需要了解财务专家是如何来评估一项投资的。此外，让我们假设该CFO在其以前工作的公司曾经历过一次公司几近破产的遭遇。这对他用来看待当前形势的思维模式会产生怎样的影响呢？

如果没有思维模式，那么对于每种新形势你都要从头开始作了解。但是如果完全依赖思维模式，又会使你变得僵化，对新事物的了解也会停滞不前。我们用来解释现实的框架深深地嵌在我们的心灵深处，我们甚至无法感觉到我们对某些事物所存在的偏见。因此人们总是习惯于故意忽略掉那些与他们所接受的"真理"不相一致的信息——这一过程称为选择性知觉（selective perception）。人们也倾向于寻找那些能证实他们所接受的真理的证据。[6]

风险与损失规避

人们通常都既厌恶风险也厌恶损失。风险规避意味着为了获得确定性，人们宁愿放弃潜在的收益。比方说你面临两种选择：其一是你将确定地获得20万美元，其二是你要赌一次，如果赢了你将获得45万美元，如果输了则什么也得不到，我们假设输赢的概率各为50％。你会选择哪个？对于大多数的人来说，答案是选择第一个。实际上，后一种选择的预期价值为22.5万美元。尽管如此，人们大多还是会选择第一个。这就是风险规避行为。

损失规避意味着人们对潜在的风险要比对潜在的收益更为敏感。我们假设现在你又被迫面临着两种选择：一种是输赢概率各50％，赢了会得到20万美元，输了什么也得不到；另一种也是输赢概率各50％，赢了会得到50万美元，输了你将损失20万美元。你会选择哪个？对于大多数人来说，都会选择第一种情况，尽管这一选择的期望值是10万美元，要少于第二项选择的期望值15万美元。

上面所述的这些对于我们所说的框定有着直接的寓意。那些对某一行动持反对意见的人通常都会拼命强调这一行动的风险和它可能会造成的损失。有效地对付这些人的一种办法是告诉人们所有的行动都蕴涵着一定的风险，都有可能造成损失。还有一种办法便是找到一些能够减轻或是避免潜在损失的途径。

这便解释了为什么要早点儿，要在你的目标对象判断出什么对他们来讲是至关重要的之前对他们的主观看法实施影响的原因。在决策的早期形成阶段，要想根据意愿来选择激活对方的哪种思维模式相对来讲比较容易。因此，框定的

第四章

核心便在于以一种能够激活"正确"思维模式而避免激活"错误"思维模式的方式来提出问题。下面我们列举了一些普遍使用的框定技巧：

> **体现共同的利益。**这种方式是指要强调双方共同的利益,而对个别的成本轻描淡写。
> **与核心价值观联系起来。**营销人员和宣传人员早已学会了将选择与界定自我身份的价值观联系起来。
> **提高对于损失或风险的关注度。**这意味着要"充分"利用人们的损失和风险规避倾向。对于我们所希望的选择,我们要重点强调其潜在的好处,而对于我们所不希望的选择,我们则通常强调其潜在的损失;同样,对于我们所希望的选择,我们通常强调其风险比较低;而对于我们所不希望的选择,我们则通常强调其风险比较高。
> **拒绝和回撤。**影响人们对利益的看法的另一种技巧是在一开始要求的条件很高,而在后来则对于较低的条件也能够接受。这一招非常有效,因为人们通常会"锚固"(心理学家研究发现,当人们被要求作相关数值的定量评估时,容易受事先给出的参考值影响,这种现象被称为"锚固"效应。"锚固"是指人的大脑在解决复杂问题时往往选择一个初始参考点,然后根据获得的附加信息逐步修正正确答案的特性。——译者注)于最初的要求,而把随后朝向一个适度价格所发生的变化都看成是让步。[7]

➢ **缩小或扩大焦点问题的范围。** 有时几种选择一并提出比较好,而有时则是孤立地提出比较好。如果一种选择可能会为以后创下不好的先例,那么这种选择最好被框定为一种受着严格限制的完全孤立的情况,它独立于其他的决策。还有一些选择则与一些更高层次的议题放在一起讨论会更好。

➢ **将馅饼做大。** 如果一种选择给一方带来好处的同时,却会使另一方的利益受到损害(即赢—输式选择),那么这种选择通常很难行得通。而如果将讨论的议题的范围扩大,则通常会更容易为双方带来可以"将馅饼做大"的互惠的交易。[8]

➢ **防患于预期的挑战。** 早在亚里士多德时期,劝说者们通常会告诫他们的听众要对他们的对手预计可能会与他们展开争论的话题提前作好准备。他们向听众提出几种对方预计可能会使用的无力的论据,并对这些论据予以坚决的反驳,从而让听众以后不会给出与此类似的论据。

➢ **为说服其他人提供一个蓝本。** 有效的框定不仅仅是影响了你要影响的最直接的那个人,而且还提供给那个人一个蓝本,使其可以参照它来说服其他人。

现在看来,保罗一开始在框定方面犯了一些严重的错误。按照他提出问题的方式,也就是说让谈判对手在购买一套昂贵的世界级的系统和不采取任何措施之间进行选择,他只会得到一个否定的答案,他还可能激活关键决策者头脑中

第四章

的错误思维模式。现在,他们已经把这套销售支持系统看成是"在资源出现严重短缺时可自行决定的投资"。

现在,他必须对当前的形势进行再框定,以改变其对手对于什么对他们来说是至关重要的这一问题的判断,以及CEO和CFO用来评估其所面临的选择和制定决策的评估标准。再框定比框定要困难得多,这在一定程度是因为一旦人们对某一问题形成了初步的结论,那么他们通常不愿意再改变主意。为了让其谈判对手形成他认为是正确的结论,保罗在其参考框架方面应该寻求什么样的转变呢?一旦他明确了所应寻求的转变,他应该如何来实现这种转变呢?

答案是:他想让CEO和CFO明白,如果不投资,那么这将对公司经营状况的好转产生潜在的严重后果。现在,他们两人都认为等到公司财务状况稳定以后再采购这一系统基本上不会给公司带来什么不利影响。保罗必须对他们所持的这种不投资不会带来严重后果的观点给予直接的回击。理想的情况是,他应该对他们所面临的这一选择进行再框定,把它变成"要么我们采用一套经过检验了的销售力量支持系统,要么我们就会在与客户打交道和迅速、可靠地处理订单方面冒犯严重错误的风险"。为了加强他的观点的说服力,保罗可以加上一些由现在的系统所引发的可怕的事故。保罗还应该让他们在作决策时能够与当前脆弱的客户关系和销售团队低落的士气联系起来考虑。

为了实现他的目的,保罗需要收集更多的数据并进行更多的分析。在证明现有系统失灵所带来的成本方面,他必须做得漂亮些。要想做到这一点,他的注意力不应该只集中在销售职能上,而应该评价这种失灵对企业的生产和订单履行方面所造成的影响。现有系统是否正在产生一些问题?从SalesForcePlus系统与运营部门的资源规划系统的整合中,是否会在及时性和效率方面实现一些潜在的收益?伊莉莎白应该可以帮助他进行这些评估。同时,他在与其他企业的参照比较方面也要做得非常好——要搞清楚公司的竞争对手正在使用什么系统,以及它们从对这套系统的采用中获得了哪些好处。

接下来他要面对的问题便是如何进行再框定。从对于劝说性沟通所进行的研究中领悟到的最重要一点便是聚焦与重复的作用。[9]保罗的意见如果能够包括一些核心的主题,而且这些主题又经常被重复提到,那么这些意见很可能会在CEO的心中留下深刻的印象。当然,这并不是说一遍又一遍地重复同样的话,因为这会让人明显感觉到你是在企图说服别人,从而引发对方激烈的对抗性反应。保罗应该作好准备,用机智、灵活的应对来支持他自己的观点,探究可能会使对方产生反抗心理的因素,并寻求应对这种反抗心理的方法。

保罗还应该考虑他立论的方式:是口头表达,还是书面文字,抑或是二者兼用。他不可以草率地作出如何传递信息的决定。如果他的论证里充满了技术性的语言和数据,那么他最好是采用书面形式,而且要作一个合理的归纳和总结。但是对于一些关键的问题,通常要在(多方)面对面的交谈

第四章

中详细论述,且必须要置于一定的情境中论述。

当你进行谈判时要记住,表明你的立场必须和框定行为齐头并进。比如说,在一次谈判中,你的立场是在一个稳固的地基上建造某一建筑物。框定的目标是一个板条接一个板条地建造这个地基。你所采取的任何立场都必须得到一个基本原理的支撑,这一理论要传递出你利益方面的信息,提供事实和逻辑来支持你的论点,还有关键的一点是要影响对方对他们自己利益的看法。同样,如果没有一个支持性的基本原理,你也不应该让步。因此,让步和再框定也必须紧密地协调起来。

最后,要记住,不是只有你想通过框定来影响人们对利益的主观看法。你的谈判对手也想这样做,而这经常会导致在你们之间出现一场"框定竞赛"——这场竞赛的焦点便在于谁对"问题"的看法是最有说服力的。因此,你应该认真考虑其他人会如何使用框定这种方法,并提前作好准备从而让那些你要去影响的人不会受到你的对手的观点的影响。

影响选择

框定人们对利益的看法可以说是劝说之锤,而影响人们对选择的看法则可以被看成是铁砧。尽管保罗为影响 CEO 和 CFO 对其利益的主观看法的努力是十分关键的,然而却可能是不够的,因为他们仍然只是把他们所面临的选择看成是在困难时期"是否"进行一项重大投资的决策。出于这个原因的考虑,保罗应该将框定与影响选择结合起来,从而为他们创造一个更为宽泛的思考框架。

保罗应该考虑的一种影响选择的方式是进行备选项的精简。这意味着要让人们相信，他们所考虑的某种选择在现实中是行不通的。例如，保罗可以向对方指出继续使用现有的系统并不构成一种选择，因为该系统存在的问题太严重了，现在他们所面临的选择不是是否购买一套新系统，而是应该购买哪一套系统。如果这种方法有效的话，那么它的优点便是能把问题的焦点转移到对投资于各种不同系统的建议的评估上。但在采取这种方法之前，保罗必须仔细考虑一番，因为这可能很容易促使公司选择一个较为便宜的系统，而不选择 SalesForcePlus，这可能会比不选择任何新系统都更糟糕。

拆包是另外一种影响人们对选择的看法的有效方式。目前来看，这两位高管面临的是这样一种选择：要么投资 400 万美元全面实施 SalesForcePlus，要么什么也不做。如果保罗能将这笔较大的投资拆成更容易为公司经济能力所承受的小额投资的话，那么他可能会更容易地实现他的目标。例如，他可以将投资拆成不同的三大块儿：

> 只为销售团队选择这套系统最基本的功能；
> 与运营部门的资源规划系统的整合；
> 附加的规划和报告功能。

而后，他可以为这几项投资分别形成论据。拆包的结果是使 CEO 和 CFO 拥有了一个可以从中进行选择的菜单。

第四章

如果采取这种方法,那么花 300 万美元的投资来取得前两种元素可能比花 400 万美元来全面采用这一新系统让他们觉得更为合意。当然,不利的一面是保罗可能无法全部实现他所想要的一切。因此,他需要评估一下他到底有多大可能让这两位高管同意全面采用这一系统,从而决定这种退而求其次的方法是否效果更好。

拆包这种策略通常会与渐进主义结合起来影响人们对选择的看法,这样做一般会很有效。例如,保罗可以寻求将采用这套系统的最基本功能列入当年的预算,而等到明年公司财务状况好转后才考虑与运营部门的整合及增加附加功能的问题。这种方法的优点在于它意味着乙公司将会对 SalesForcePlus 进行投资。同样,它的不利方面也在于保罗将不能立即采取所有他认为可以解决公司所面临的重大问题的必要措施。

如果 CEO 和 CFO 仍不愿意进行投资,那么保罗可以将这笔投资的跨度进一步拉长。例如,他可以提出一项示范计划,用负责关键客户群的销售小组来试验一下这一新系统,然后利用这一结果,将其扩展到整个销售团队。如果他对这一系统存有某些疑虑或对组织吸收消化这一系统的能力没有把握的话,它还可帮助他进行风险的管理。这种方法还有另外一个优点,那就是它可以促使组织中的 IT 团队能为在组织中广泛采用这一系统做大量基础性的工作。当然,这种方法的不利之处便是时间问题。因此保罗必须认真评估进行一次性投资以全面采用这一系统与将投资期延长这两种

制订计划以了解和影响谈判对手

方法的成本和收益。

保罗应该着重关注并克服投资所面临的约束条件。在现在这种情况下,关键的约束条件似乎是投资资金问题。从 CEO 和 CFO 不愿意进行投资的背后,我们可以看出隐含着这样一种信息,即"如果今年是一个正常的年份,那么我们很赞同进行这笔投资"。因此,问题其实并不在于他们对成本和收益的看法,而是在这种财政困难时期,拿出这么一大笔资金确实比较难办。如果保罗能认清这一点,那么他可以考虑是否可以采取某些创造性的方式使他在得到他所需要的这一系统的同时又能减少这一预算周期所需要的投资量。

例如,他可以启动与 SalesForcePlus 系统的供应商的谈判来商议付款方式的问题。能否把大部分的款项转移到明年来支付或者是否可以延长付款期?实际上,公司目前所面临的约束条件正好是他在与供应商谈判中可以加以利用的筹码。当然,他要从 CEO 和 CFO 那里得到首肯才能沿着这条路走下去。

要想得到他们的首肯,保罗应该在与他们就实质性问题进行辩论前先对过程问题进行商议。保罗所犯的一个错误便是一上来便直接主张要购买某套特定的系统,而没有首先明确一项决议是如何制定出来的。幸运的是,现在来做这件事为时还不晚。在与关键的决策制定者接触时,保罗不应该与他们争论是否购买这套系统,而应该向他们提出一套计划。这套计划要评估公司当前的需求、考察各种可能性,并分析公司所面临的种种可能的选择。对于 CEO 和 CFO 来

第四章

说,拒绝一个好的决策程序要比拒绝一项具体的建议更难一些。

最后,对决策过程施加影响有助于引发迫使采取行动的事件,因此会推动事情向前发展。让我们回顾一下前面所提到的内容,迫使采取行动的事件旨在使人们正视必须作出一种艰难选择的情况。具体来说,它们使得"拖延战术"无法实施,而必须作出肯定或否定的决策。因此,它们是影响选择的一种强大的工具。但使用它们时必须多加小心。你必须非常确信,驱动力量和束缚力量的平衡要对你的观点有利,以免最终你迫使对方作出的决定是不利于你的否定答复。

通过多渠道施加影响

在制定框定战略与影响选择战略的同时,保罗还应该分析影响力网络,确定潜在的劝说渠道,仔细考虑劝说的顺序问题。正如前面章节所讨论过的,首先应该把这些关键的决策制定者置于他们的影响力网络的大背景下。对于这个问题他们会向哪些人征求意见?不同的专家和顾问对这一问题有多大的影响力?

了解了这些情况以后,保罗就可以考虑是否以及如何来激活那些潜在的劝说方式了。例如,与 CEO 和 CFO 的一些重要的顾问进行协商是否有意义?如果有意义的话,那么应该在什么时间去做这件事情?如何进行顺序的安排?

同样,这些渠道在他试图影响谈判对手对利益和选择的看法时会起到哪些潜在的作用?通过多渠道进行影响是否

制订计划以了解和影响谈判对手

行得通？如何将间接影响（即通过专家和顾问）和直接影响（即通过与关键的决策制定者的沟通）协调好？一个能为他带来成功的排序战略应该是怎样的？采取这种方式是否会有一些潜在的不利方面？

处理好两种主要矛盾

最后，保罗在尽力了解并影响谈判对手的同时必须要注意处理好两种主要矛盾。

提前规划与即兴发挥

第一个矛盾是提前规划与即兴发挥之间的矛盾。大多数情况下，对于谈判过程中将会出现怎样的情况我们都无法预测得太远。谈判是不可预测的，或是说不是一个线性的过程。它们经常会发生一些出人意料的情况：有时突然会让人感觉前景一片光明，有时又会突然变得一片暗淡，甚至会向着人们完全没有预料到的方向发展。当出现这些情况的时候，人们事先制订好的计划往往根本派不上用场。因此，在你与对方正式进行谈判之前决定花多少时间和精力用于为谈判作准备和计划是非常明智的，也是非常值得的。

当然，这并不是说在谈判之前你不应该收集信息和制订计划。我们在前面曾经讨论过，在谈判中，拥有较多信息的一方会取得优势地位，这是谈判的一个基本法则。但是，在谈判过程当中通过有效的了解来获取信息同通过谈判前的准备来获取信息是一样重要的。

第四章

　　优秀的谈判人员在来到谈判桌之前就应当知道他们可以了解到哪些东西和无法了解到哪些东西,从而相应地分配他们的资源。一旦与对方开始了谈判,并制定了战略和战术,他们会很清楚他们想从对方那里了解到什么。他们把了解当成了一个综合、持续进行的过程,不会掉入到"先准备,后计划,再谈判"的陷阱中。

　　优秀的谈判人员同样也知道如何在规划影响战略和即兴实施影响之间寻求平衡。当然,他们会尽力去预测谈判会朝着哪个方向发展,以及谈判对手会采取哪些策略。他们也会密切关注他们所设定的目标的完成情况。但是他们也知道,作太多的计划不只是一种浪费,还会使他们变得"脆弱",无法应对突如其来的变化。结束了波斯尼亚战争的谈判和众多商业谈判的设计者、我所有幸结识并得以向其学习的一位杰出的谈判家理查德·霍尔布鲁克曾下过这样精辟的结论:"谈判在策略上需要灵活性,但对于终极目标要有一个永恒的愿景。"

　　这绝不是说你只需简单地采取走一步看一步的办法来应对谈判。事实上,我们是说伟大的谈判家就如同爵士乐演奏家一样:他拥有大量的工具和技能,同时也培养了解读和应对新的情况的技巧,这样才可以针对其透彻理解的主旋律即兴演奏出精彩的变调。

执著与过分执著

　　决定保罗在这个问题上所具备的说服对方的能力的一

个关键要素是他对于这个问题的执著程度。他必须保证他没有将精力过多地投入到一场失败的行动中,也没有因此而既输了谈判,又在谈判过程中失去了可信度。

毕竟,对一件事情的执著是非常具有感染力的。在为其销售团队购买新系统这个问题上,保罗越是表现得执著,且越是把这种执著更频繁地表现出来,他就越容易达到他的目标。为什么这么说呢?因为这样做意味着他其实是把他的声望作为赌注来押宝这件事情的成功。因此CEO和CFO必须逐渐开始重视拒绝这一提议将给保罗和他的声望所造成的损害。执著最终可以使天平发生倾斜,从而倒向一边。

但是一定要记住,你个人对某件事情的执著永远不应该成为你在谈判中坚持某一立场的唯一原因或主要原因。如果你没有足够有说服力的理由来说服对方,那么你最好给你自己留条后路,千万别让自己无路可退。因为执著于某一事物本身便意味着你自身要实现某些结果,这样的话你便很难放弃对其的追求,即使是不放弃的成本相当高。

《代顿协定》(Dayton Accords,该协定结束了波斯尼亚战争)美方重要的谈判代表理查德·霍尔布鲁克向我们阐释了避免过分执著的一项基本原则。他的座右铭是:"坚定不移地追求你的目标,但实现目标的方式要灵活多样。"如果你执著于某一事物,那么你就去做它并争取取得一定的成果,但不要在乎究竟采取了哪种方式。至于结果,给你自己留一些余地通常是比较明智的。如果你最终得到了你想要得到的90%,那么你就可以宣布你已经胜利了。

第四章

如果你看起来根本无法赢得一场谈判，那么在局面还没发展到根本无法收拾的程度之前，"退一步"也许会海阔天空。在某些情况下，你是否可以在有充足理由支持的前提下改变你的立场，或者说转向讨论一些不那么紧张的议题？正如我祖母所说的，"如果一开始你没成功，那么你应该努力，再努力。如果还是不行，那么你就应该放弃了，千万别固执得像个傻子"。

最后要记住的一点是，你也可以运用同样的原则来帮助你的谈判对手放弃对某些事物不现实的执著。例如，你可以让他们明白这样一个道理，即他们可以以一种他们从来没有想过的方式（实现目标的方式灵活多样）实现他们的重要目标（坚定不移地追求目标）。而你也可以使你的谈判对手能够体面地作出让步，而不是迫使他们陷入无地自容的窘境。

总结性评论

本章所介绍的影响战略帮助保罗最终说动了 CEO 和 CFO，他们同意先将这套新系统在一些关键的客户身上进行试用。他回来后总结了在谈判过程方面所获得的经验：更深入的评估以及折中的方案都是非常重要的。试用的成功，再加上伊莉莎白的支持，将这套系统与公司的销售与生产系统整合起来，使得保罗最终赢得了胜利，最基本版的 SalesForce-Plus 系统终于在全公司范围内得到了执行。保罗还成功地与供应商达成协议，允许公司可以在随后的几年内将购买这一系统的款项分期付清，这解除了 CFO 对公司现金流所产生的顾虑。实现这一切所花费的时间要远多于保罗所希望花费的时间，但他最终还是得到了大部分他想要的东西。

谈判人员清单

你的谈判对手如何看待他们自己的利益？如何看待他们所面临的选择？

你如何能更多地了解他们的利益和面临的选择？要想在谈判桌旁及在谈判桌以外了解你的谈判对手，你应该做些什么？

为了影响谈判对手对他们的利益的看法，应该采取哪些方法对当前的形势进行框定（或再框定）？

应该采取哪些方法来影响谈判对手对他们所面临的选择的看法？

第五章　引导谈判游戏

在来到乙公司 18 个月以后,保罗取得了令人瞩目的成就。他在完善销售人员招聘流程、整顿薪酬体系、建立培训制度,以及执行新的支持系统等方面所做的工作都非常有价值。伊莉莎白在运营领域所作的积极配合有力地支持了保罗,从而使乙公司出现了重大转机。公司已经重新回到正常的发展轨道上来了。

保罗所取得的成就使他进入了公司接班计划的重点考查对象名单之中。公司现任的 COO（首席运营官）长期以来一直身患重病,就在最近,他已经宣布了他打算退休的想法。公司 CEO 已经清楚地表明,保罗将是 COO 这一职务的有力竞争者。而保罗也决定要抓住这次机会争取升迁。

于是,保罗又得到了一些新任务,而这些任务显然就是为了考查保罗作为一名高管的潜力的。其中最具有挑战性的一项任务便是任命他去领导医疗设备协会（Medical Device Association,由欧洲和美国医疗设备制造商中 90％ 以

第五章

上的企业所组成的行业群体)理事会的一个分会。

保罗的 CEO 已经在该协会的理事会工作了很多年。在征求了理事会其他成员的意见后,他任命保罗去领导该协会新近成立的知识产权保护分会。该分会的任务是加强知识产权的国际保护,尤其是要迫使发展中国家采纳类似于在美国、欧洲和日本通行的专利法体系。

发达国家的专利法体系为设备制造行业所创造的发明提供了强有力的保护(政府授予其 20 年的专利权)。这就为企业在研发领域进行投资提供了必要的物质刺激。如果没有专利保护,发明可能很容易被复制,也会很容易被其他公司以极低的价格出售,而这种低价是无法支持行业内的革新的。

如果行业内大部分的公司都主要是在美国、欧洲和日本销售其产品的话,那么就不存在什么问题。但随着全球化程度的加深,许多新兴市场已经开放,在发展中国家出现了很多新的竞争对手。这些竞争者根本不受其国内法律的限制,它们可以实施所谓逆向工程(Reverse Engineering,这是对产品设计过程的一种描述。在工程技术人员的一般概念中,产品设计过程是一个从无到有的过程,即设计人员首先在大脑中构思产品的外形、性能和大致的技术参数等,然后通过绘制图纸建立产品的三维数字化模型,最终将这个模型转入到制造流程中,完成产品的整个设计制造周期。这样的产品设计过程我们称为"正向设计"过程。逆向工程产品设计可以认为是一个"从有到无"的过程。简单地说,逆向工程产品设计就是根据已经存在的产品模型,反向推出产品设计数据(包括设计图纸或数字模型)的过程。——译者注〕,也可随意生产由其他竞争对手所开发出来的产品。这使得抄袭、仿冒之风日渐盛行。

这已经对乙公司及其他一些公司造成了伤害。要想在迅速成长的发展中国家市场中占有一席之地不仅是非常困难的,而且也是相当危险的。公司的产品在这些国家已经被迅速模仿并销售。更糟糕的是,仿冒的产品(例如在乙公司的设备中使用的利润率颇高的一次性消毒"工具箱"的仿冒品)还快速涌入发达国家市场。此类事件的发生不仅会降低乙公司的利润,而且也可能会危及病人的人身安全,从而为公司在公共关系方面埋下隐患。据估计,问题已经发展到相当严重的地步,美国医疗设备制造商现在每年要损失30亿美元的销售额;而且局面似乎还在进一步恶化。该行业已经决定不再单独依靠政府来解决这一问题了。

保罗的新工作便是协调行业内的行动以使发展中国家通过更严格的法律来保护知识产权。医疗设备协会理事会对这一问题极其重视,并愿意为此投入大量的人力和资金资源。保罗所领导的分会由来自其他两家公司的几位代表组成,另外还有一位全职的人事主管对其予以协助。保罗还可以从外部聘请若干专家,也可以为完成一些短期的工作临时抽调会员公司中的员工。

保罗很清楚为什么CEO要让他来承担这一挑战。从"销售战士"到"公司外交家"的巨大转变意味着保罗的谈判

第五章

领域要发生巨大的变化。保罗要想帮助重塑知识产权保护的游戏规则,就必须与政府、报社、非政府组织、行业协会以及像世界卫生组织这样的跨国组织中的那些关键的"规则制定者"建立起不错的交情。他还要建立起一个跨职能团队,并与之协同工作。他对于这个团队所拥有的专业知识不太了解,也不太清楚如何评估这个团队所拥有的能力。另外,他还需要与来自乙公司的竞争对手公司的人员进行密切合作。为了赢得这场"游戏",他必须在行业内建立起一种协作的态势。这对于保罗来说真是有点大开眼界了,因为一旦对游戏规则进行了重塑,市场中的死敌也可以转变成为盟友。

要想在这一新职位上取得成功,保罗需要具备一套截然不同的谈判技能。任何时候你要对是否进行谈判和怎样进行谈判施加影响,你都有机会"引导谈判游戏"。例如,一旦谈判方和谈判议题确定了,那么这将在很大程度上对价值创造和价值获取产生影响。同样,早一点组织并建立联盟通常可以对谈判结果产生重大的影响。

这要求你(和保罗)必须尽早仔细考虑你想与谁进行谈判,想就什么议题进行谈判。你应该尽最大可能寻求与你拥有同样的北极星思维方式的谈判伙伴:最大程度地创造价值,并且在维持双方关系和声誉的前提下获取价值。当然,也要在实际情况允许的条件下,尽可能地与"好的"谈判方打交道,而将"坏的"谈判方排除在外。

议事日程同样也是你应该从一开始就要尽力去影响的。议题的范围是不是太窄以致为双方提供的达成互利交易的空间太小？议题的范围是不是太宽以致由此所造成的复杂局面使得双方无法创造并获取价值？议事日程中是否包含一些由破坏分子故意加进来旨在阻止双方达成协议的不良议题？如果是这样的话，那么你应该主动增加或减少一些议题。

因此，引导游戏就是要在谈判的早期便影响谈判的参与者、议事日程，以及谈判对手对于其利益和选择的主观看法，并随着谈判进程的向前发展对这些因素进行重塑。在目前的状况下，保罗所面临的主要问题不是如何以最好的方式与其他谈判方进行面对面的交流，而是如何启动并维持一个有效的谈判进程。

换句话说，在这一阶段，他所需要的是一个建筑师所拥有的技能，而不是一个建筑工人所拥有的技能。正如中国著名的军事家孙子所言，"上兵伐谋，其次伐交，其次伐兵，其下攻城"[1]。而引导游戏就是积极主动地规划未来而不是对新出现的事件作出被动的反应。

因此，就表 5-1 所示的谈判战略矩阵来说，保罗必须把其关注焦点放在右边一栏。在谈判桌以外，他必须知道如何通过单方面的行动以一种最佳方式启动有效的谈判并努力改变谈判结构。在谈判桌旁，他必须与其他的谈判参与者一起合作来设定议事日程、建立联盟，并进而影响谈判的背景。他必须始终拥有一种为其行业和公司争取利益的动力，并将这种动力维持下去。

第五章

表 5-1 谈判战略矩阵

	参与谈判游戏	引导谈判游戏
在谈判桌以外	作准备并制订计划——分析谈判结构并制定与实际情况相匹配的战略。	单方面地改变谈判结构——主动发起其他的一些谈判；单方面地采取行动从而对参与谈判的人员及谈判议题等产生影响。
在谈判桌旁	了解并影响——在努力影响他们对你的利益及你所面临的选择的看法的同时，了解谈判对手对他们自己的利益和面临的选择的看法。	商定谈判结构——就谈判人员、谈判议题、谈判最后期限以及其他一些关键的要素多次展开磋商。

确定目标

在制定谈判战略之前，保罗应该先弄清楚他的目标。首先要做的是确定你在谈判中是采取攻势还是守势。你是想积极地启动某一谈判，还是想避免展开某一谈判？保罗的目标是想改变发展中国家对待知识产权的原则，因此他要采取主动进攻的态势。

如果你所希望发生的变化是其他人强烈反对的，那么在这种情况下开展谈判通常要比为了阻止其他人积极寻求促成的变化而开展谈判更为困难。阻止变化的发生通常意味着要保持现状，而这种情况下惯性是使你取胜的一个重要法宝。正如一位经验丰富的游说家所说的，"阻止某件事情的发生要比发起某件事情容易得多。阻止某件事情的发生所需要的时间和精力要远远少于发起某件事情所需要的时间和精力。任何新东西或者说任何改变都要耗费大量的资源、能量和时间"。[2]

如果你也同保罗一样要采取一种攻势,那么摆在你面前的任务便是要为你所支持的改变进行论证,争取来自各方的支持,并将这种改变的决心长期维持下去。拿保罗来说,只有通过与各国政府的谈判才能取得进展。因此,保罗的目标是:以一种能达成对己方有利的协议的方式,既要推动这些谈判的发生,又要影响谈判的议事日程。要注意的一点是,这些谈判可能是一系列的与多个发展中国家之间的双边协议,也可能是一个覆盖国家范围更广的多边协议。可能只是将关注重点放在知识产权问题上,也可能关注范围更广的议题。要想使这种改变发生可能需要很多年的时间。因此,保罗必须成立一个可以长时间存在的组织并制定能够长期有效的战略。

如果你采取一种防守的态势,那么你要阻止其他人通过谈判来实现他们的目标的企图。这时,你必须更进一步地明确你的目标。你是要彻底阻止谈判的发生,还是要对谈判进行重塑以便减少它们给你带来的伤害,抑或只是使不可避免的谈判延迟发生?不同的目标要求有不同的战略。

> 如果谈判所要讨论的改变会严重地损害你的利益,而且你判断在这一谈判中你很可能会完败,那么阻止这种改变的发生应该是你的目标。
> 如果谈判与你的利益背道而驰,且谈判很显然已经是

第五章

不可避免的了,但你能够影响谈判的进程并减轻对你造成的伤害,那么对这种改变进行重塑应该是你的目标。

➤ 当反对方所形成的联盟已经强大到了无法阻止的地步,且对你来讲最好的情况便是争取到一些额外的时间的话,延缓这种变化应该是你的目标。

你也要准备好改变你的目标。如果你不能实现你的首要目标,那么你的次级目标是什么?这意味着你要时刻关注那些可能使你必须改变目标的迹象。例如,如果你发现你无法阻止谈判进程的向前发展,那么将你的目标从阻止变为重塑可能更合适。如果你太过执著于某一目标,你可能会将一些能减轻你所受到的伤害甚或是能使你获益的机会错过。

制定战略

一旦确定了自己的目标,你便可以利用一套既有的"重塑战略"来实现它们。这意味着你要从下面所列出的多个要素中选出几个来影响谈判的结构使其有利于你自己。

➤ **做好组织工作对谈判施加影响。**建立起旨在发起、反对和影响谈判进程的组织,并为该组织配备人员,提供资金和指导。

➤ **制定议事日程。**确定最初的议事日程,并随着谈判进程的发展修改这一日程。

➤ **实施框定。**对要谈判的问题进行有利于自己的框定,从而对一些关键人物产生影响。

> **选择论坛**。确定一个对自己最有利的论坛从而便于追求自己的目标（进攻或防守），并保证谈判会在这个论坛中进行。

> **创建联盟**。发现现有的和潜在的联盟，并为建立自己人的联盟制订计划，而使那些对自己不利的联盟变得中立或将其瓦解。

> **充分利用各个谈判间的联系**。将一系列的谈判联系起来或分离开来，以增加在谈判中讨价还价的能力。

> **造势**。从多个渠道对谈判施加影响并创造一些迫使采取行动的事件来推进谈判的进程。

作好组织工作对谈判施加影响

保罗只是一个人，他不应该指望仅凭自身的力量就能产生多大的影响。因此，他必须找到并利用各种知识和能量的来源从而将这种影响力放大。他要做的第一件事应该是建立一支由有着各种专长的人所组成的团队，并让他们从事适当的研究和分析。要想充分认清当前的形势并制定出有效的战略需要哪些类型的专长呢？要想为谈判进程提供指导，早期的哪些研究是非常有帮助的呢？要想做到这些需要多大力度的资金支持？从哪里获取这些资金呢？

在经过与知识产权分会中的其他两位行业代表和专门负责该项目的人事主管的磋商后，保罗提出了一项建议，并将其提交给了医疗设备协会理事会。经过理事会批准后，保

第五章

罗得到了一个在处理公司关系方面非常有经验的人。这个人是由上面提到的那个人事主管推荐的,他非常了解这个人的能力。他将以一年全职工作的形式从会员公司借调过来。尽管在这个人全职借调的问题上保罗遭遇到了一些抵抗,然而保罗认为这是必需的,而且最终他还是成功地让这个人全身心地投入到了这个项目中。

保罗还得到了授权,可以再从外部雇用三名员工。第一位在制定国际知识产权规则方面是非常有知名度的专家,她曾经在一家大型的软件公司工作过。她以前还向国会建议过加强国际知识产权的保护,因此她的地位和能力是被广为认可的。第二位过去曾是一位英国外交官,有着几十年国际谈判领域的经验,最近他曾经就贸易和投资问题向欧洲委员会提出过议案。在与过程有关的问题方面,他将成为一位关键的顾问。第三位是来自美国商务部的一位资格较老的人士,他在贸易促进领域有着丰富的经验,与美国政府之间也有着紧密的联系。

而后,保罗将团队成员召集到一起开始为谈判背景研究制订计划。他们一致认为首先要完成两项工作。那位知识产权领域的专家和那位美国商务部的前官员负责进行调研,并要撰写一份关于在医疗设备行业存在的剽窃行为所产生的影响的意见书,从而让人们认识到加强知识产权保护的必要性。该文件对于设定议事日程和与外部的一些关键人物进行沟通是非常有价值的,即使是对于在医疗设备协会内部为未来的行动争取支持也将起到很大的帮助作用。

同时，上面提到的那位擅长处理公司关系的人士、那位曾经的外交官以及商务部的那个人将开始对谈判各方及其利益进行一番详细的分析。这样做的目标有两个：一是确定美国、欧洲和日本内部是否存在潜在的联盟，从而有助于将这一议题提到最重要的位置上；二是对发展中国家内部或发展中国家之间所存在的潜在的阻碍型联盟进行评估与分析。

另外，保罗的团队还发起了与美国和欧洲国家的政府官员之间的一场寻求事实的讨论，其目的是调查一下他们对这一问题的重要性是如何看待的，并对反对方的力量进行一下评估。这帮助他们建立起了一个联系网，但最初得到的结果让人很失望。这些官员们对该行业所遇到的困境表示了同情。但医疗设备协会只不过是众多希望提交其议案给美国管理当局和欧洲委员会的组织之一，它绝不是最有影响力或最重要的一个。同时，发展中国家对这一议题的反对是很强烈的，而且一些重要的国家之间已经形成了联盟，比如说印度和巴西。（中国已经加入了WTO，因此并没有牵涉在其中。）带着无比失望的情绪，保罗和他的团队只好从头开始了。

制定议事日程

下一步是要对他们的议事日程进行重新思考。决定执行什么样的议事日程相当于问下面的问题：哪些议题需要讨论，而哪些议题要被搁置在一边？议事日程是宽泛而复杂，还是只是关注范围非常有限的一些议题？

第五章

如何界定议事日程对于建立和维持什么样的联盟将会产生重要的影响。议事日程的范围越是宽泛,谈判各方就越是对谈判可能会为自己带来好处抱有更大的希望。当然,这也有负效应,因为如果议事日程范围过宽,它可能会变得难以控制。而且,可能会产生"过度建立"联盟的现象,这将会导致一种所谓的"最小公分母"(即使双方的利益都得到满足。——译者注)效应,从而使你提升你自己利益的努力所产生的效果大打折扣。(参见"战略性的简化"。)

战略性的简化

谈判方和谈判议题以及与之相关的利益和权衡界定了一个复杂谈判的"谈判方—议题"空间。随着一个谈判中的谈判方和谈判议题数量的增加,对谈判人员的信息加工需求也在增加。通常,只有两方就一个单一的议题进行谈判是非常简单明了的,无论他们是否达成了协议;但是如果是一百个谈判方同时坐在谈判桌旁就一百个议题展开谈判,会发生什么情况呢?

幸运的是,一个复杂的谈判可以转化成两个或多个互相关联的简单的谈判。有效的简化包括删减、分割和排序。

删减意味着将谈判方和谈判议题的数量减少到只剩下几个核心的水平,从而达到可控的地步。具体的方法是确定"有害的"议题(即阻碍谈判向前发展的议题),并找到推迟或是避开它们的办法。

分割是指将比较复杂的谈判分解成众多个次一级的谈

判。要注意的一个关键问题是,在此过程中不要过多地削弱该谈判的价值创造潜力。例如,假设四方在就四个议题进行谈判。下面的谈判方—议题表格界定了他们的偏好。箭头的指向表明了某一谈判方对于一个特定议题的偏好的方向,箭头的数量则表明了那种偏好的相对强度。这个表格向我们表明了什么?它表明这两对儿谈判方可以就这两对儿谈判议题达成独立的可以为谈判双方创造价值的交易。谈判方甲和谈判方乙应该就议题1和议题2进行谈判(A组),而谈判方丙和谈判方丁则应该就议题3和议题4进行谈判(B组)。

	议题1	议题2	议题3	议题4
谈判方甲	↑↑↑↑↑	↓		
谈判方乙	↓	↑↑↑↑↑		
	A组			
谈判方丙			↑↑↑↑↑	↓
谈判方丁			↓	↑↑↑↑↑
			B组	

排序意味着按照一定的顺序来分别对付各个谈判方,而不是试图毕其功于一役。在这里,关键的一点还是在做这件事的同时不要降低创造价值的潜力。对谈判方和谈判议题的排序还会为谈判的顺利进行创造机会。

第五章

正如下面的表格所概括的,这三个简化战略可以被应用于重塑谈判方的结构或谈判议题的结构。

战略	谈判方结构	议题结构
删减:在谈判方结构和议题结构中删除掉一些元素。	将一些谈判方排除在外。	从议事日程中拿掉一些议题。
分割:对谈判方结构和议题结构中的元素进行分割。	将谈判方分成两个或更多的组。	将谈判议题分成两个或更多的组。
排序:消除各谈判方或各谈判议题间的相互联系,按顺序分别对付他们。	按照特定的顺序与各谈判方进行谈判。	按照有利于推动谈判向前发展的顺序就各个议题展开谈判。

意识到了议事日程与潜在的联盟之间的关系,美国商务部的那位官员建议他们应该考虑关注一下同样受知识产权保护问题困扰的其他行业。那位知识产权专家支持这一建议,并暗示她认为软件行业正面临着同样的问题,只不过与其有关的不是专利权,而是著作权。其他两个重要的行业制药业和娱乐业显然也被这一问题困扰着。制药业同医疗设备协会一样关注专利权问题,而娱乐业则关注电影和音乐的著作权保护问题。

保罗觉得这是一个不错的主意,于是他向他的CEO征求了意见,接着他找到了医疗设备协会理事会的理事长——一家大型医疗设备公司的CEO。保罗请这个人负责启动与制药业、软件业和娱乐业行业协会的一场大讨论。保罗帮助组织并参加了其中的一些关键的会议。这些会议的最终结果是各方一致同意建立起一个特殊的联盟(名称叫做知识产权联盟),为了实现加强国际知识产权保护的目标奋斗,并为此提供资金支持。保罗的团队实际上变成了知识产权联盟专业人员的核心。保罗是该联盟指导委员会的四位委员之———四个行业各选派一名代表组成该委员会。由于保罗在发起这一联盟的过程中所起到的重要作用,他被任命为该委员会的主席。

很快,该团队便开展起了工作。他们做了大量的调研工作以支持范围更宽的议事日程。这意味着要重写意见书以分析这四个行业目前所受到的程度极低的保护为它们带来的成本。这也意味着要制定一套"核心标准",从而明确好的知识产权保护国际标准究竟是什么样。那位曾经的外交官强烈建议尽早建立一个原则性很强的标杆,从而从一开始便影响议事日程。

与美国和欧洲的政府官员所进行的第二轮磋商表明他们已经走上了正轨。这次,官员们似乎远比上次愿意花时间与他们进行讨论,这是一个良好的信号,表明官员们开始认为他们的提议具有可行性。同时,该团队仍然清楚地得到了这样的信息,即还有很多的提案与他们的提案在竞争。他们必须找到一种办法让国际知识产权保护成为政府间议事日程上的重中之重。

官员们也表达了对如何推动这一议题向前发展的担心。目前还没有任何政府间的谈判是围绕着这个议题进行的。专门为知识产权启动一个新的程序是很困难的——他们认为不是不可能的,但会非常困难。

第五章

实施框定

保罗的团队非常明确这一问题,他们开始考虑如何让国际知识产权保护在美国和欧洲得到足够的重视。团队中的那位公司关系专家建议,他们应该把触角伸向行政部门(美国和欧洲委员会)以外的领域,同关键的立法委员及其参谋人员进行磋商,从而为他们的提议争取支持。这一建议得到了那位商务部官员的支持。他们还建议应该先从美国国会入手,部分原因在于相对于具有非常复杂的内部政治的欧盟来讲,美国国会这一堡垒更容易被攻破;还有部分原因在于,企业对于美国国会的立法委员的直接影响要大于其对欧洲议会的立法委员的直接影响。如果美国国会中的一些关键分会的领导人物能够被说服去倾听他们的提议,那么情况就会发生改观,这会使得行政机构的众多高级官员开始关注这一议题。

为了使得这一建议顺利进行,该团队又聘请了来自华盛顿的一位资深说客。她加入该团队后立刻便要求,在她先与立法委员会的参谋人员再与立法委员进行会面之前,他们必须做一些工作来对这一议题进行框定,以便使得立法委员能够对这一议题产生足够的关注度。这意味着要认真思考两个问题:一是如何教育更多的民众让他们了解到这一问题的严重性;二是这一问题是否值得付出更大的努力,从而通过直接和间接的多个渠道施加影响。如果公众没有意识到这一问题,那么要想引起这些民选代表们的注意根本没什么希望。于是,下一个目标便是对这一议题进行框定,以引发媒体和公众的一场大辩论,从而使得国会中的立法委员的注意力集中到这一议题上。

更为普遍的一个问题是,你如何通过采用劝说性沟通的方式吸引并维持住那些有影响力但却比较分散的重要人物的注意力。政治科学家马尔科姆·米切尔(Malcolm Mitchell)是这样形容有效的框定的,它是"一块将备受人们欢迎的情感所散射的温暖收集并汇聚到一起的凸透镜,它会将这些情感集中于某一议题上"[3]。如果框定能够得到有效的应用,那么它会引发特定的思维模式并因此而推动"正确思维"(对于那些进行框定的人来说是正确的)的形成,并使"错误思维"无容身之地。具体的框定方法我们已经在先前的章节中讨论过了。

在保罗的领导下,该团队进行了几次头脑风暴会议,想出了几条备选的标语,并搞了几次非正式的测试。其中最有力度的一条标语是"智力侵权"。这种描述是鲜明而有力的,因为他使人们联想到了掠夺和违法等恶劣的形象。这条标语所配的辅助性信息是通过任由抄袭行为继续下去,也没有法律保护到位,发展中国家正在大肆纵容对于由世界顶级企业所开发出并费力取得的知识产权的剽窃行为。当然,发展中国家政府并不那样看。这样做并不违反国内的法律,而且当地的官员们至今还没有看到允许抄袭行为所产生的任何负面效应。

但是,他们的行动的目标受众并没有觉得他们的观点有

第五章

多大的说服力。那位公司关系专家写了一系列的新闻稿作为论据，并约请了一些重要的商业、金融以及大众新闻刊物对其就此问题进行采访。结果导致了对这一问题的铺天盖地的报道。随后的民意测验显示，公众中的意见领袖（opinion leaders）对这一问题的关注度有了显著的上升。代表着更广泛的商业利益的组织，比如说美国商会（the Chamber of Commerce），也开始随大流，让其会员在与它们的地方代表所召开的会议上讨论这一议题。

在这种情况下，那位说客建议，他们应该竭力促成组成知识产权联盟的四个行业的高管人员与国会中相关委员会的一些关键人员之间进行几次会面。她说，这些人对于制定议事日程至关重要，他们是重要的看门人。她还强调说，非常关键的一点是，这些会议的参会人员中一定要有企业中的高层业务经理，最好是业务方面的一把手，因为他们要比公司或政府关系人员更容易得到发言以申诉自己立场的机会。

保罗参加了几次这样的会议，级别最高的一次是邀请到了参议院商业委员会的主席。在会上听到的许多事情让这位主席对此问题非常关注，因此他同意安排一次听证会。于是，那位说客立刻与大家一道准备好了一份证词。那位知识产权领域的专家也得到了一项重要的任务，她需要将她原来写的那份意见书作一番修改，用来作为听证会的开场陈述。来自政府机构许多关键部门（商务部、财政部、国务院以及美国贸易代表办公室）的官员都参加了这次听证，他们也都对该问题的重要性表示了认同。

如此重大的进步让保罗和知识产权联盟的其他成员都精神抖擞，干劲高昂。他们已经赢得了框定游戏的第一轮的胜利，已经有效地提升了国际知识产权保护的受关注程度。

选择论坛

然而他们目前还需要一个论坛，以便在其中开展谈判。他们需要找到一种极为有效的方式来启动和开展关于知识产权保护的政府间谈判。

论坛的选择这一问题对于谈判的结构至关重要。这是因为谈判在哪里进行对于谈判的参加人员、谈判的规则，以及最终达成的协议以何种方式来执行都有着极大的影响。因此，需要认真考虑的不仅仅是是否要进行谈判的问题，而且还有谈判在哪里进行的问题。

必须指出的一点是，选择谈判的论坛无论是对于在谈判中采取攻势的一方，还是对于在谈判中采取守势的一方都是同样重要的。在某些论坛中阻止或延缓变革的发生通常要比在另外的一些论坛中更为容易一些。

保罗的团队一开始便向他建议说，他们不应该发起一系列新的关于知识产权问题的谈判，而应该将加强国际知识产权保护的议题向现有的政府间对话上靠拢。他们提出了如下两点理由作为依据：首先，专门议题谈判会很自然地仅仅关注于知识产权保护问题，而他们认为要想在范围相对狭窄的议题上取得进展是非常困难的。发展中国家依旧把这一问题看成是一场零和博弈，发达国家很难从它们那里得到任

第五章

何让步。他们还举了最近由 OECD（经济合作与发展组织）所组织的一些针对对外投资的专门议题谈判作为佐证。这些谈判由于遭到了非政府组织的强烈反对而最终破裂。就连发达国家之间都没有就一个共同的立场达成一致，更不要说说服发展中国家向外国投资开放其经济了。其次，从行业的角度来看，用来进行独立的政府间知识产权问题谈判的最自然的论坛对它们是非常不利的。先前的关于知识产权的国际协议都是在世界知识产权组织（WIPO，联合国设在维也纳的一个专门的机构）内达成的。尽管通过 WIPO 达成了一些协议，然而它们基本上都没有什么效力。由于缺乏有效的执行机制，WIPO 无力对争端进行裁决，也无力对侵权行为进行处罚。而且，像大多数的联合国的组织一样，WIPO 执行一国一票的原则。这样，发展中国家就掌握了与它们对世界经济的影响不成比例的话语权。

  团队建议保罗，他们应该考虑绕过 WIPO，把他们的议题提交到一个更大的政府间论坛——世界贸易组织下一轮的多边贸易谈判中去。旨在启动新一轮谈判、被称做"部长会议（ministerial meetings）"的早期会议正在进行当中，但是这一轮谈判的议事日程仍然处于早期的磋商阶段。

  尽管要想成功地把知识产权保护问题纳入到本轮世界贸易组织的议事日程中去是一件十分困难的事，然而该团队认为这会带来双重的好处。首先，它提供了一次在加强知识产权保护所获得的利益与发展中国家关心的其他问题（例如欧洲和美国的农业补贴问题）之间进行权衡的机会。其次，任何协议的达成都将依据更为严格的管理国际贸易争端的解决机制。

在向其指导委员会、支持知识产权联盟的贸易协会的领导层以及几位与其持有同样意见的政府官员征询了意见后，保罗向他的团队下达了执行这一策略的命令。团队认为，他们拥有了一次充满挑战性的机会。同样，即便是他们的努力失败了，他们也会提高人们对这一问题的关注度并建立起一个支持他们的联盟。当然，他们也可以退一步，再考虑其他的策略。

创立联盟

保罗和他的团队达成一致意见：他们的目标就是要在下一轮世贸组织的议事日程中为知识产权保护赢得一席之地，而不要过分地担心最终达成的协议究竟是个什么样子。重要的贸易谈判通常要花费几年的时间才能完成，而这些谈判通常是由高层政府团队来参加的。虽然知识产权联盟几乎肯定可以对这些谈判施加一定的影响，但现在就开始考虑其计划还为时尚早。

而且，即便只是让知识产权问题成功地纳入到世贸组织本轮谈判议事日程中就已经是一个巨大的成就了。长期以来，贸易谈判一直是与关税和产成品配额问题有关的。只是在近年来，贸易谈判议事日程的范围才出现了扩大的动向，开始将"与贸易有关"的问题纳入其中，这些问题包括劳动力标准、环境标准、竞争政策以及知识产权。许多国家都反对

第五章

这种做法，因为这意味着要对国内政策的一些变革进行磋商，而这些变革通常是重大而痛苦的。同时，通过降低关税可以获得的好处基本上已经被各国所获得。目前，自由贸易和相关的全球贸易扩展最主要的障碍在于解决所谓的非关税壁垒问题。

因此，保罗的团队持一种谨慎乐观的态度，他们觉得现在正是使知识产权问题进入世界组织谈判议事日程的大好时机。然而，关键是要迅速地建立起一些联盟，以对设定议事日程的谈判施加影响。

在一系列的头脑风暴会议中，保罗的团队基于下述理念制定了一个三阶段的联盟构建过程：先设计联盟以识别出潜在的合作者、对手和可以争取的力量，然后制定出一个能为其带来成功的排序战略。他们将他们的方法概括为"联合发达国家，争取转轨经济国家，孤立顽固的对立国家"。这意味着他们要从建立一个包括美国、加拿大、欧盟国家和日本在内的核心联盟开始。一旦这种核心联盟建立起来，他们便打算努力扩大该联盟的范围，将一些迅速崛起的发展中国家也包括进来，比如韩国、俄罗斯以及东欧的一些国家。这将使一些反抗最为强烈的国家（比如印度和巴西）相对比较孤立，很可能受制于压力而接受这一提案。

有了这些想法，保罗的团队开始为第一阶段——联合发达国家制定详细的战略。他们向美国政府内部的支持者（主要是商务部和美国贸易代表办公室）进行了大量的咨询，得到了他们的鼓励；同时，对于其计划的向前发展可能遇到的障碍也获得了他们的告诫。

一个最主要的绊脚石在于：对于欧洲国家和日本来说，加强知识产权保护这一问题仍然没有真正地得到它们的足够重视。尽管美国贸易代表办公室同意将向他们在欧洲和日本的同事极力介绍这一问题以引起他们的重视，然而他们也不太确信这么做是否就足够了。他们强烈建议知识产权联盟发起一场与欧洲同行所进行的企业与企业之间的对话，从而让这些企业来影响它们各自的政府。

知识产权联盟又一次地要面临识别影响力网络的任务。这是一场多层次的联盟构建运动。美国政府官员在政府层面开展谈判。在欧洲，这既包括与各国政府之间的谈判，也包括与欧盟委员会之间的谈判。同时，知识产权联盟的团队成员们还通过找出那些代表着欧洲和日本行业利益的有影响力的组织并与它们进行接触，而开始在企业层面上构建联盟。反过来，这些组织又被鼓励去游说它们各自的政府。

尽管花费了一些时间，这一战略还是逐渐开始显效。欧洲各国和日本政府开始予以关注，并积极地评估努力将知识产权问题纳入到贸易谈判议事日程中所带来的好处。知识产权联盟因此受到了极大的鼓舞，他们让保罗和他在指导委员会的同事帮助他们在美国动员组建一个范围更为广泛的行业联盟。保罗与诸如医药、软件、娱乐以及医疗设备等行业协会理事会的一些高管们进行了接触，并鼓励他们为建立起新的磋商机制作出贡献。最终，知识产权联盟与15个美国行业协会的代表建立起了常规的季度磋商机制，以回顾过

第五章

去一段时间取得的进步并寻求资源的投入。

尽管在促成政府间对话这一问题上取得的成功让人欢欣鼓舞,然而还是存在着一些障碍。美国、欧洲和日本之间对于如何界定"合适的"国际知识产权体系存在着重大的意见分歧。造成这种情况的一部分原因在于各国在知识产权保护方面有着不同的法律传统和标准。例如,专利权是应该被授予第一个提交专利申请的单位还是第一个发明了该技术的单位?另外,在一些敏感行业(如娱乐业)加强知识产权保护会提出一些特定的挑战,因为一些欧洲政府认为它们有着特殊的文化地位。

如果这些意见上的分歧无法得到很好的处理,那么在面临发展中国家一致的反对时便很难建立起一个联盟。保罗和他的团队又一次采用了头脑风暴的方式。最终,他们对"先关注原则,再关注细节"的方法进行了一番改变。发达国家政府最终达成一致,不再努力去设想最终达成的协议的细节,而是寻求一套特定的原则。例如,它们不去讨论专利权是授予第一个申请单位还是第一个发明单位,而是一致同意达成这样一项原则,即"各国都要有一个专利权的授予和行使体系"。只有当联盟赢得了当前的这场战役,知识产权问题被提到世界贸易组织下一轮的议事日程上时,它们才可以就具体的细节问题展开讨价还价。

为了支持这一举措,保罗团队中的知识产权专家撰写了一篇新的论文,题目是"国际知识产权保护原则(Principles for International Intellectual Property Protection)"。这篇论文得到了各利益相关方认真的研究，它对于在重要的发展中国家政府间达成协议起到了很大的帮助作用。后来，它成为了世贸组织内部达成贸易相关知识产权方面的最终协议的基础性文件。

利用各谈判间的联系

随着发达国家政府和行业联盟结成了统一战线，知识产权联盟团队开始制定战略，以扩大统一战线的范围从而将一些"中间派"（例如韩国、印尼和俄罗斯）也拉拢进来。要想做到这一点，关键是要明确如何影响它们对其自身的利益和所面临的选择的看法，从而使它们对于把知识产权纳入世贸组织下一轮谈判的议事日程持支持态度。

而利用一些相互关联的谈判是一种非常有效的途径。正如前面我们曾经讨论过的，不同类型的关联——竞争性关联和相互依赖性关联、次序性关联和交互性关联——可以极大地影响各方对于其自身利益和所面临的选择的看法。因此，关键是要考虑清楚哪种类型的关联会起到帮助作用。

对保罗来讲，他们要鼓励美国政府去和一些关键国家的政府进行双边谈判，从而为把知识产权纳入到多边贸易谈判的议事日程积蓄支持力量。那位美国商务部的官员提醒说，现在他们有办法就贸易问题向特定的一些政府施加压力。1974年贸易法案（the 1974 Trade Act）已经包含了一些条款，即著名的301条款，它使得美国可以有效地对那些从事不公平交易实践的政府进行制裁。

第五章

然而,这些条款从来没有应用于知识产权问题上,而且可能永远也不会被应用于这一问题上,除非有辅助性的立法出台。知识产权联盟充分利用了他们与国会成员之间的紧密关系,以及这一问题在人们心目中的重要性的提升,说服关键的立法人员引入了一项新法案,该法案使得知识产权问题可以依据301条款得到解决,该法案还进一步地将"充分而有效的"知识产权保护规定为有资格享受普惠制(the Generalized System of Preferences,它是一种贸易法条款,它允许美国给予发展中国家特殊的市场准入)的一个必要条件。如果该项法案得到通过,那么以后如果哪个国家在知识产权问题上不采取合作的态度,美国政府就可以拒绝给予这些国家普惠待遇。另外,该法案还建议为了国际投资和知识产权而确立美国贸易代表助理的地位,这意味着将存在一个行政机构,它的任务是监督知识产权问题并负责向国会报告。

尽管花费了几个月的时间,然而该法案几乎没有遭到什么强烈的反对,并最终得到了通过而写进了法律之中。一旦新的美国贸易代表助理被任命,知识产权联盟的注意力便转向了鼓励新工具的快速应用从而推进知识产权保护问题的向前发展。在经过了一段时间的调查之后,美国政府决定依据301条款发起一次诉讼。第一个诉讼目标是韩国。这是一个非常理想的目标,因为韩国的经济在很大程度上依赖于对美国的出口。美国以经济制裁相要挟,与韩国就知识产权问题签署了一项双边协议。最终,这一协议成为了复杂的多边贸易相关知识产权问题协议的一种范式。

受到了这次成功的鼓励,美国贸易代表办公室又将其他几个国家的政府列入了知识产权"观察名单"之中,这传递了一种信号,即它们可能也成为301法案的诉讼对象,甚至是制裁对象。由此而引发的一种恐慌情绪使许多政府改变了就知识产权议题达成一项国际协议这一问题的看法。它们开始考虑,与其成为世界上最大的经济强国的特别的政治目的的对象,还不如与一个稳定、公正的执行机制达成一项国际协议。

这些双边和多边谈判之间的联系所产生的净效应就是为使知识产权问题列入世贸组织议事日程赢得了更广泛的国际支持。现在剩下的任务便是在将正式启动新一轮谈判的部长会议上正式就知识产权列入世贸组织议事日程的问题进行商议。这意味着要对付剩下的那些最顽固的对手的反对了。

造势

影响谈判结构的最后一步是找到能推动谈判朝着有利的方向前进的方法。我们在前面已经谈到了许多种造势策略,包括使用多种影响渠道和多层次的联盟构建战略以对关键的决策制定者施加影响,以及着重关注大的原则而不是细节和使用排序策略等等。

我们还没有仔细讨论过的一个主要的造势工具便是迫使采取行动的事件。前面我们曾经介绍过,这类事件主要包

第五章

括最后期限、会议甚或是相互关联的谈判中的一些事件,它们会迫使其他的谈判参与者必须作出艰难的决定。它们可能是经过各方商定的(例如谈判各方一致同意的最后期限),可能是单方面采取的(例如附有威胁条件的最后期限),也可能是外部所施加的(也就是说来自于外部环境,超出了谈判各方的控制范围)。不管怎样,它们都是一些关键点。在这些关键点上,谈判者必须采取某些行动以避免不可挽回的巨大损失。

而在当前的形势下,旨在发起新一轮世贸组织谈判的部长会议便是一次关键的迫使采取行动的事件。知识产权联盟必须要十分确信的一点是,美国政府将知识产权问题列入世贸组织议事日程作为发起新一轮贸易谈判的条件。这时,他们为与发达国家政府和企业创立并维护联盟关系所作的努力开始发挥作用。他们与一些关键的政府官员进行紧密沟通,通过广泛的贸易协会网络保持对美国政府的压力,最终他们争取到了美国政府的承诺:如果不把知识产权问题列入新一轮世贸组织谈判的议事日程之中,美国将不会同意启动新一轮谈判。

有了美国的这一承诺,再加上向处于中立地位的国家的成功施压,剩下的几个坚持不合作的国家,例如印度和巴西,变得非常孤立,它们面临着一个非常艰难的抉择。它们可以使发起新一轮贸易谈判的提议失败(世贸组织规定,只有全体成员一致同意才能发起新一轮谈判),这样的话它们要承担其他贸易领域的潜在利益遭受损失的风险;当然,它们也可以同意知识产权联盟的这一提案。在这样一种局面的逼迫下，它们终于作出了让步，知识产权问题终于被列入新一轮世贸组织谈判的议事日程中。

尽管花费了几年的时间，本轮谈判中所达成的协议还是为国际贸易法当中的知识产权保护问题制定了一套重要的标准。它迫使世贸组织的所有成员国都要建立起一套与知识产权保护基本原则——这些原则与知识产权联盟所提出的原则非常接近——相一致的系统。尽管在执行时间方面各国被赋予了一些灵活性，然而对于知识产权联盟和那些关注知识产权保护问题并从自己的知识产权中获利的企业来讲，这项协议已经是一个巨大的成功了。

通过参与到这一过程中，保罗吸取到了一些有价值的经验，这对于他在乙公司新任COO职位上的工作起到了很大的帮助作用。这项工作的三个基本职责是：积极地影响企业所处的竞争环境；既要与行业内的其他公司竞争，又要与它们进行合作；为了对政府和公共环境施加影响而持续努力地去建立联盟。

总结性评论

保罗掌握了大量用于引导谈判的技巧。这使得他受益匪浅，不仅仅是在随后影响公共环境的工作中，在其被任命为COO一年后所负责的一次重大的收购活动中以及与客户打交道的过程中也是如此。他能够以一种非常连贯的思路考虑如何做好组织工作以对谈判施加影响，如何制定议事日

第五章

程，如何进行框定，如何选择合适的论坛，如何创立联盟，如何利用各谈判间的联系，以及如何造势。三年后，当乙公司的 CEO 退休并任命保罗为他的接班人时，他的这些技能依然对他起着巨大的帮助作用。

谈判人员清单

你应该如何组织各方力量来影响谈判的进程？

在哪个论坛中进行这些谈判是最有利的？

你可以怎样影响议事日程？

对你来说，最有希望建立起来的联盟是与谁的联盟？

你应该努力阻止哪种联盟的形成？哪种联盟是你需要去打破的？

这一谈判与其他谈判之间有着怎样的联系？你应该努力去建立怎样的联系？防止出现怎样的联系？

谁是关键的目标听众？最有可能成功的框定战略是什么样的？你的对手会采取怎样的方式对这些问题进行框定？

为了使谈判进程顺畅，你可以做哪些工作？设定最后期限或其他的迫使采取行动的事件会起到一定的帮助作用吗？在你想作出某一承诺之前，如何才能避免被迫作出承诺？

第六章　作好准备，提升自己

在从销售副总裁候选人到乙公司 CEO 的晋升过程中，保罗经历了各种各样的谈判——与上司、同级别人员、下属以及公司内部和外部的利害关系人之间的谈判。他所经历的各种类型的谈判是非常典型的，你在向新角色转型的过程中通常也会遇到这些谈判。

到现在为止，我们已经利用保罗的经历制定了一个框架，它可以帮助你更好地管理你在向新角色转型的过程中所遇到的每一次谈判。现在，你应该对下列问题比较胸有成竹了：

➢ 判断不同的谈判属于哪种类型并将谈判战略与形势相匹配；

➢ 在谈判桌旁与谈判对手的面对面交往中了解并影响对方；

➢ 引导谈判，从而为最终能产生有利的结果创造条件。

然而，在前文中，我们掩盖了保罗成功的一个非常关键

第六章

的驱动因素：随着时间的推移，他变得越来越擅长于谈判。在他被任命为乙公司的CEO之时，他的谈判技巧要比他刚刚加入公司时丰富得多。他能够自如地应对越来越复杂的谈判，谈判的效果也越来越好。最后，我们要提出的一个重要的主题便是：学习能力本身在谈判中（更通常点儿来讲，在向新角色的成功转型过程中）便是一种优势之源。

这里我们所说的学习是什么意思呢？在第四章中，我们已经讨论了在谈判中一种类型的学习——获取关于谈判对手的需求、目标、底线——的重要性。当然，这种类型的学习在你所参加的每个谈判中都是成功的关键驱动器。如果你对于对手的了解（通过谈判前的准备和在谈判桌旁的察言观色）多于对手对你的了解，你便会在信息方面获得优势。这可以帮助你抵消掉其他方面的劣势，并巩固你在谈判中的支配地位。不管怎样，在这种类型的学习方面所具备的超强能力是一项宝贵的资产。

然而，在本章中，我们将着重关注一种不同类型的学习：通过有条件地聚焦于个人和组织所取得的改进而变得善于谈判的能力。为什么这种类型的学习十分重要呢？因为在你所参加的每一次谈判中，你的学习和改进能力的小幅度提高都会随着时间的推移而极大地改善你未来所参加的谈判的效果。这就如同复利一样。投资10 000美元，利率为5%，10年以后你便会得到16 288美元。将利率提高至10%，同样的初始投资最终会让你得到25 937美元。正是出于这个原因，我们才将"作好准备，提升自己"作为第二章和图6-1

中所阐述的战略原则中的第四个。

图 6-1 战略原则

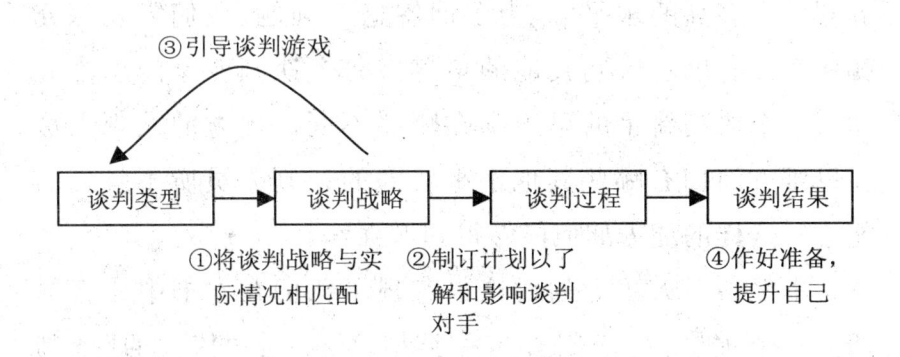

```
          ③引导谈判游戏
    ┌─────────────────────┐
    ↓                     │
┌────────┐   ┌────────┐   ┌────────┐   ┌────────┐
│谈判类型│ → │谈判战略│ → │谈判过程│ → │谈判结果│
└────────┘   └────────┘   └────────┘   └────────┘
  ①将谈判战略与实   ②制订计划以了        ④作好准备,
    际情况相匹配      解和影响谈判          提升自己
                      对手
```

本性与后天培养

有这样一个故事,有一位声名显赫的遗传学者,他的学生向他提出了一个问题:本性和后天培养对于人类行为的影响哪一个是更重要的因素。他很有把握地回答道:"本性更重要些,它们两者的重要性之比是 51∶49。"

谈判能力也是如此。如果我们问:"伟大的谈判家是天生的还是后天造就的?"答案是:"既是天生的,也是后天造就的。"说是天生的,是因为我们每个人都或多或少地拥有一些天生的谈判才能;说是后天造就的,是因为你可以在后天或多或少地培养一些谈判才能。由此看来,关注本性与后天培养孰轻孰重毫无意义。两者都十分重要。但现实情况是,在先天的能力方面,你基本上无法做些什么以使其发生改变;因此,你应该把注意力着重放在培育你的后天才能上。

第六章

换句话说,每个人都可以通过学习而成为一名优秀的谈判人员。因此,比较有趣的问题不是"伟大的谈判家是天生的还是后天造就的?",而是"我们能够将我们的谈判能力培养到一个多高的水平"。为了回答这个问题,我们需要探究哪些东西有助于谈判技能的培养。一个谈判专家的思维究竟与一个谈判新手的思维存在哪些不同。优秀的谈判人员在思维方面拥有哪些其他水平较差的谈判人员所不具备的能力?这样的能力如何能够得到增强?

本性与后天培养的讨论也忽视了我们在本书中一直强调的一个关键点:谈判有多种类型。一说起"伟大的"谈判家,我们的头脑中所惯有的形象便是在一场扑克牌游戏中,虽然拿到了一手非常糟糕的牌,但却通过使用威胁、虚张声势以及超凡的个人魅力等手段,成功地击败了对方的那些人。但这样的人能否在所有类型的谈判中都有如此出色的发挥呢?答案当然是"不可能"。这种人只在两种情况下能够获得成功:一是当谈判主要是为了获取价值时;另一种情况是当谈判者拥有决定权,而不必过多地考虑内部决策和批准的问题时。

这给我们所带来的启示是:某些类型的谈判你可能会更擅长,而对于其他类型的谈判你可能不是十分擅长。你是更擅长于创造价值还是获取价值?你在达成交易方面更得心应手,还是在解决争议方面更应对自如?你是更喜欢在一锤子买卖情况下所进行的谈判,还是更喜欢在双方拥有持久合作关系背景下所进行的谈判?因此,在你开始制订你的谈判能力提升计划时,你应该认真考虑一下你希望在哪些谈判领域做得更好些。这将帮助你更好地将注意力集中于你希望获得或增强的特定技能上。

艺术与科学

接下来的一个问题是谈判是一门艺术还是一门科学。这个问题是非常重要的,因为它对于一个人应该如何成为一个更好的谈判者会产生重要的影响。同本性与后天培养的争论一样,这个问题的答案也是"既是艺术,又是科学"。更准确地说,谈判是一门艺术,而谈判技巧经常是由"科学"来支持的,这里的科学是通过各种类型的经济、法律和行为分析的形式体现出来的。

本章剩余部分的关注重点将放在了解有效谈判的艺术性上。但这并不是说科学性就不重要,其实它是相当重要的。只不过相对于谈判的艺术性来讲,科学性比较容易掌握,而且在科学性方面我们也更容易得到帮助(可以向一些顾问咨询)。我们之所以说了解谈判的科学性比较容易,是因为我们可以把其关键点归纳为三个方面:书面原则、一套方法论以及一系列工具。本书末尾的推荐阅读部分给出了有关谈判分析学方面的一些通用资料。

不过,你还应该根据你所参与的谈判类型阅读更多的资料。这是因为不同形式的经济、法律和行为分析可以支持不同类型的谈判。例如,如果保罗是在乙公司的一家工厂里参加一场艰苦的劳资双方的谈判,那么在他的谈判团队里拥有

第六章

深谙劳动法的专家以及能够开发出雇佣关系的经济模型的专家将是非常明智的选择。而从行为分析这方面来看,拥有擅长于联盟(作为政治和社会实体)运行态势和联盟中领导者角色方面的研究的顾问则会起到非常重要的帮助作用。但如果保罗所要面对的是一场关于一次重大收购行动的谈判,那么上面所提到的这些人都不会有太大的作用。

新手与专家

我们如何才能最大程度地掌握谈判的艺术性呢?更宽泛点儿来说,我们如何才能成为在各种复杂、不确定、易变、无序可循的环境下都能够做到游刃有余的专家呢?行为科学中对自然决策(naturalistic decision making)——人们作决策的方式——的研究表明,专家对这类环境的掌控能力要远远好于新手。[1]这是因为他们在五个关键领域拥有超强的能力,这五个关键的领域是方式识别(pattern recognition)、思维模拟(mental simulation)、并行作业(parallel processing)、有力的回应(robust response)、行动中的反思(reflection-in-action):

> **方式识别是一种在复杂和混乱的谈判形势下发现行之有效的方式的能力。**[2]同国际象棋高手一样,水平高超的谈判人员会过滤掉一些无关的信息,并能发现一些蕴含着威胁和机遇的状况。

> **思维模拟是指迅速地想出一个有希望成功的谈判过程,并能在头脑中模拟这种谈判进程的能力。**拥有这

种能力的优秀的谈判人员可以预见到其他谈判方将会作出的反应,制定出合理的采取行动的次序,仔细考虑可能的偶发事件,并根据需要逐渐地改进或是放弃原有的计划。

➤ 并行作业也就是罗兰·克里斯滕森(Roland Christensen)所描述的同时管理内容和过程的"双重能力"。它使得优秀的谈判人员能够在观察和影响谈判的进程时还能掌握谈判的内容。[3]

➤ 有力的回应是指在时间的压力下迅速地给出一些可行的选择的能力。优秀的谈判人员能够提前看到几步,设计出稳定(从需要很多变量协调起作用这个意义上来讲)的策略,并预见到随着事态的发展所作出的迅速调整。

➤ 行动中的反思是指谈判者在紧张和艰苦的谈判进程中"去阳台待一会儿(go to the balcony)"(威廉·尤里在《无法说不》一书中所提出的概念),想想发生了什么以及为什么会这样,并相应地调整谈判策略的能力。[4]

成为一名谈判专家就是要在你所面对的具体类型的谈判背景下提高自己这五方面的能力。

该研究还进一步表明,你可以通过以下方式来加速谈判技能的培养:(1)接触各种各样的现实环境,包括真实的谈判和模拟的谈判;(2)总结经验,吸取教训。正如加里·克莱因(Gary Klein)在《能量之源》(Sources of Power)一书

第六章

（这本书是关于自然决策的）中所写道的，"直觉当中涉及模式匹配和典型情况认知的部分是可以通过培训而得到的。如果你想让人们迅速、准确地对形势作出判断，你需要增加他们的经验。获取经验的一种方法是让一个人经历更多的困难情况……另外一种方法便是制订一个培训计划，可以采用练习的形式，也可以利用现实情境，从而使被培训人有机会来迅速地对各种形势作出判断"。[5]

我们得出的结论是，你的人员培养计划应该既包括总结过去的经验，又包括在谈判技巧方面的正式培训。

认真地进行学习

创立你的"谈判人员提升计划"的第一步便是你个人要在你所参加的每一次重要谈判中间和结束之后进行有条理的学习。很少有谈判从头到尾都进行得顺顺利利的。相反，谈判中间通常会有中断。可以利用这些时间对于谈判的进展情况进行适当的谈判中反思（in-the-flow reflection）。

为了使这项工作更有效率，你应该为这种反思制定一个基本的框架。谈判战略矩阵提供了一个非常好的出发点，利用它还会帮助你将这一框架内在化。在矩阵的每个象限所列出的你有可能会提出的样本问题被归纳在了表 6-1 中。你可以将这些问题作为制定你自己的反思模板的起点。你也可以考虑从某些杂志中获取对你有用的资料，因为它们在你进行谈判后的评估时可能也会非常有用。

表 6-1 反思模板

	参与谈判游戏	引导谈判游戏
在谈判桌以外	作准备并制订计划： ➢ 你对于情况是否有一个清晰的了解？ ➢ 你是否已经作了充分的准备？你是否还应该进行一些额外的具有成本效益性的信息收集工作？ ➢ 你是否知道谁对谈判结果会产生影响或能够产生影响？他们看重哪些利益以及他们面临什么样的选择？ ➢ 谈判议程前景如何？谈判议题的范围是不是既不太大，也不太小？	单方面改变游戏的行为： ➢ 是否存在机会，通过单方面地采取一些行动而使谈判结构对自己有利？ ➢ 你是否已经尽全力从而使你自己拥有了可能拥有的最佳选择？ ➢ 是否可以邀请一些新参与者加入到谈判中来，从而可以使你把目标定得更高？ ➢ 是否存在一些机会可以建立一些对你有利的联系？ ➢ 你是否已经尽全力去建立支持性联盟并避免反对性联盟的形成？ ➢ 是否存在一些机会可以通过利用迫使采取行动的事件来推动谈判进程？

第六章

(续表)

	了解并影响：	就谈判结构进行商定（和再商定）
在谈判桌旁	➢ 你是否可以多做一些工作来了解你的谈判对手的需求？ ➢ 你是否清楚地了解他们背后的关键驱动因素以及他们可接受的底线？如何才能更清楚地了解到这些情况？ ➢ 你是否把你最关心的问题适度地透露给了对方？对方是否也把他们最关心的问题适度地透露给了你？ ➢ 你是否有效地表达出了个中的利害关系？ ➢ 你是否有合理的理由来支持你所持有的立场及所作出的让步？ ➢ 你是否成功地影响了他们对你所面临的选择的看法？	➢ 是否存在机会以扩大或精简议事日程从而创造更多的联合价值？ ➢ 将谈判的议题分成可以同时进行的几大块儿是否有好处？ ➢ 商讨新谈判方的加入是否会起到帮助作用？ ➢ 回到谈判原则的讨论上或重新商议谈判进程是否会起到帮助作用？ ➢ 双方共同商定的最后期限是否会有助于谈判进程的推进？

每次谈判结束后，都要拿出一些时间来进行一下事后分析，哪怕只有二三十分钟的时间。可以从下面的几个简单的问题开始：

➢ 对这次谈判的总体感觉是好还是坏？
➢ 如果是好，那么是什么促成的？
➢ 如果是不好，那么为什么会这样？我原本可以怎样做来避免出现现在这种局面？

➤ 谈判中出现了哪些意想不到的情况？
➤ 哪些因素是关键的转折点？

接下来，通过回顾我们在导言中提出的北极星谈判目标，并询问下列关于谈判结果的问题来深化你对谈判的评估：

➤ 关于价值创造：
　◆ 我是否最大限度地创造了价值？
　◆ 如果说创造更多联合价值的机会被错过了，那么究竟是什么导致的？
　◆ 在一些问题上，我是否应该采取其他处理方法？
　◆ 下一次如果遇到同样的情况，我是否可以采取其他的一些方法？

➤ 关于价值获取：
　◆ 在这次谈判创造出来的价值中，我是否获取了适当的份额？
　◆ 我是否获取了太多的价值，从而使得交易无法再延续下去？如果是这样的话，那么为什么会这样？以后我应该如何避免这种情况的发生？
　◆ 我是否获取了太少的价值？是不是我们共同制造了一个大馅饼，但对方却吃掉了绝大部分？如果是这样的话，那么为什么会这样？以后我应该如何避免这种情况的发生？

➤ 关于关系：

第六章

◇ 谈判是否使一些重要的关系得到了加强（或者至少是维持）？

◇ 如果没有，那么这次谈判对这些关系造成的破坏是否可以避免？

◇ 如果这种破坏是可以避免的，那么我究竟做了什么破坏了这些关系？在以后，我如何才能避免再犯类似的错误？

➢ 关于声誉：

◇ 谈判是否提高（或者至少是没有降低）了我作为一名"难对付、有创见且可信赖的"谈判家的声誉？

◇ 如果没有，那么这次谈判对我的声誉所造成的损害是否可以避免？

◇ 如果这种损害是可以避免的，那我当时应该如何做？在以后，我如何才能避免再出现类似的问题？

下一步，要利用表6-1中所示的谈判战略矩阵问题模板来重新分析你对谈判进程和你为影响这一进程所付出的努力所作的评估。在这一步，要总结出几点核心的经验。哪些任务完成得比较好以及为什么这些任务完成得较好？哪些完成得不好以及这对我未来的工作有什么启示？

投资于技能培养计划

技能培养计划是谈判人员提升计划的第二根支柱。它们为什么很重要？为什么只是总结过去的经验是不够的？

有两个关键的原因。首先,如果只是总结过去的经验,那么你只能以你总结经验的速度来学习。因为每个谈判都是要花费一定的时间的,所以这会限制你提高自己谈判技能的速度。而良好的培训可以提供浓缩的经验,这将加快个人技能提高的速度。

其次,不同谈判的规模和形式都各有不同,因此如果没有一个概念性框架来"组织"你的经验的话,要想得出普遍适用的结论是很难的。你可能会冒这样的风险:你养成了一种独特的谈判风格,但这种风格只适合某些情况下的谈判,而无法适合另外一些情况。更糟糕的情形是,你可能都不理解这正是现实情况。这也解释了为什么良好的概念和模拟经验的组合(在形式上体现为案例、故事和练习)能够如此有效的原因。

然而,请注意,一定要参与到一个能提供一个良好的概念和模拟谈判组合的计划中去。但根据我的经验来看,这样的计划是非常少的。我曾经问过一些我所执教的计划的学员,"你们是否参与过其他的谈判培训?""你们认为它们在哪些方面做得不错,哪些方面做得不好?"

我所做的这些民意测验(不可否认,它们是不科学的)的结果并不是太让人振奋的。谈判培训的数量相当多。其中一些确实非常不错,但也有很多效果非常一般,甚至还起到了不好的作用。

究竟是什么使得好的谈判培训不同于那些不是很好的谈判培训呢?总结起来,好的谈判培训有以下几个关键特

第六章

征：

> **拥有一个连贯的组织框架。**一个好的谈判培训计划不应该把谈判过分简单化，认为有一种万全的方法可以适用于所有类型的谈判；也不应该拥有一个过分复杂的框架，以致无法帮助现实生活中的谈判人员判断他们所面临的形势并指导他们采取行动。最好的谈判培训计划应该是这样的：在这一培训计划结束了很长时间以后，你依旧会发现你的某些经验依旧符合该计划提供的概念性框架。

> **负责进行培训的人综合了如下几方面的能力：在谈判的研究方面拥有很深的理论根基、拥有丰富的参与现实谈判的实践经验，并具备优秀的授课技巧。**拥有全部这几方面优势的人很少，因此相当宝贵。大多数的谈判培训计划都是由两种人来负责教授的：要么是一些只有理论，但现实生活中的谈判经验很少的人；要么是一些经常参加谈判，非常想把他们自己的故事提高到一个普遍适用的高度的人。（我要顺便提一句的是，自从我拥有了自己的企业后，我已经成为了一名更加称职的谈判老师。）

> **大量使用情景模拟练习和反思。**谈判之所以是一门艺术，部分原因就在于你无法告诉别人如何来判断什么样的策略是正确的，以及如何制定正确的策略；人们必须自己去体验一些独特的情况、尝试、反思和学习。看看加里·克莱因在其关于专业技能培养的那本

著作中所论述的,"对于培训来讲,一个好的情景模拟有时可能会比直接的经验具有更大的价值。好的情景模拟可以让你停下当前的行动,后退几步看看发生了什么情况,并可以让你尝试几种可能的应对方式,看看它们最终会带来什么结果。这样的话,被培训人就可以对各类谈判有更好的拿捏"。[6] 当然,要想做到克莱因所说的,被培训人必须要接受好的情景模拟练习,而且还要有一个高水平的老师帮助他对经验进行反思,并提炼出一些关键点。

> **在合理的程度上提供一些有个人针对性的指导。** 太多的谈判培训计划都有如一个高产的生产线。一大堆的人挤在一间屋子里,听人传授一些标准化的谈判经验。当然,这比什么都不传授还是要好的。但这在效果上是绝对无法与可以得到有个人针对性的小班培训相媲美的。当你分析某一谈判培训计划的价值时,你要问问它是否能提供一些机会来分析你正在经历或是已经经历过的具体的谈判形势;是否能针对你的谈判风格提供一些个别的反馈,例如用视频录下你在谈判中的表现,并让全体参与培训人员就此进行讨论。

> **培训要持续足够长的期限从而可以对被培训人员的思维习惯产生持久的影响。** 根据我的经验,培训期最短要持续三天,最理想的情况是持续一周。否则,你从培训中只会得到一些很肤浅的经验,并不会让你印

第六章

象深刻。对于工作十分繁忙的你来讲,这么长的时间似乎是一笔巨大的投入。但你应该这样想：如果参加培训只能让你在此后你所参加的每一次谈判中比以前的表现好5%,那么这种培训对你来讲又有什么意义呢？

最后,别忘了在你所参加的任何一次谈判培训计划行将结束时都要拿出一些时间来将你所学到的东西制成一个模板。利用它,你可以对你以后参加的谈判进行反思,并从中学到些东西。

推进组织的改进

谈判人员所处的组织也应该努力实现同样的改进。毫无疑问,在这方面做得最好的组织就是那些谈判密集型企业。它们包括私营企业、并购咨询公司、各国外交部以及销售组织,例如保罗在成为乙公司的销售副总裁时所建立的组织。对这些组织来讲,谈判能力显然极其重要的。它们意识到了这一点,并在培养这种能力方面投入了大笔资金。

然而,即使是对于那些由有着最好的想法的人领导的最好的组织来讲,要想实现组织学习也是一个巨大的挑战。要想知道为什么会这样,我们必须区分开各种不同类型的知识。如表6-2所示,知识可分为明确型知识和含蓄型知识,也可以分为个人型知识和关系型知识。[7]明确型知识与含蓄型知识的区别就如同培养人们成为物理学家的方式与培养人们成为艺术家的方式之间的区别一样。要想成为物理学家,人们需要读一些有关数学和自然科学方面的书籍,听一些与其研究领域相关的报告,解决一些有着正确或错误答案的问题。他要获取的大部分的知识都是明确的,也就是说这些知识都可以被写成规则、规律或是程序,也可以通过书籍、论文、报告或研讨会的形式从知识较多的人向知识较少的人传递。

表6-2 组织知识的类型

	个人型知识(如何做好个人工作的知识)	关系型知识(如何作为群体的一部分有效地工作的知识)
明确型知识(可通知书面或口头形式传递的知识)	➤ 规则 ➤ 规律 ➤ 程序 ➤ 关于一门职业的"科学"	➤ 组织规章 ➤ 正式的决策制定程序 ➤ 协调计划 ➤ 书面的交流协定
含蓄型知识(通过展示或与某些有经验的人一同工作来传递的知识)	➤ 经验法则 ➤ 技巧 ➤ 个人制定决策和解决问题的方法 ➤ 关于一门职业的"艺术"	➤ 群体制定决策和解决问题的方法 ➤ 通过协商而实现的责任的分割 ➤ 信息和影响力的重要来源 ➤ 信誉

相比之下,要想成为艺术家,人们主要应该通过亲自去做(亲自去实践艺术)以及由经验丰富的"大师"指导的方式来学习。他要获取的大部分的知识都是含蓄的,也就是说不能被写成规则、规律和程序,因此也不能以书面或口头的形

第六章

式很轻易地就从一个经验丰富的人传给一个没有经验的人。事实上，即便是大师级的艺术家有时候也无法清楚地说出他们自己的成功秘诀。他们只有亲眼见到才能知道什么是好的作品。

个人型知识与关系型知识之间的区别就如同组建一支伟大的棒球队和组建一支伟大的篮球队之间的区别。一个人可以将主要联赛中各个位置上最好的运动员集合起来组成一支优秀的棒球队。因为棒球运动员在比赛场上彼此之间是相对独立的，因此由各个位置上最优秀的球员所组成的全明星球队很可能是非常强大的。无论他们和谁进行比赛，好的击球手都会是好的击球手，好的接球手也终归是好的接球手。在棒球比赛中，个人型知识要比关系型知识重要得多。

但如果你从 NBA 球队中为每个位置都挑选明星球员组成一支球队，你会得到一支伟大的球队吗？不大可能。篮球比赛需要场上几名球员之间的密切配合；因此，关系型知识就非常关键。超级球队之所以打得好是因为球员们通过大量的比赛实践，学会了如何协调他们各自的特长并遵循一套共同的战术体系。因此，简单地将明星球员们组合到一起很可能会使他们之间互相限制，从而让球队的整体实力远远弱于其各个位置实力的加总。

这一点对于如何在谈判密集型组织中实现共同学习有着非常直接的意义：

➢ 对于一个组织来讲，要想获取某个谈判人员所拥有的含蓄型知识要比获取明确型知识更难。

➢ 团队或群体在应付复杂谈判时所形成的关系型知识要比个人在应对各自负责部分所形成的个人型知识更难获取。

➢ 含蓄的关系型知识——一种个人所拥有的不容易表达清楚的关于如何协作的知识——应该是最有价值的一种知识,同时也是最难保留住的一种知识。

许多组织经常没有实现有效学习,是因为它们缺少一种(在可能的程度上)将个人和团队所拥有的经验共享和系统化的机制。没有实现有效学习也可能是因为组织处于一种超负荷的状态,组织总是忙于应付危机,这会阻碍组织中的学习。

组织学习也可能会受到所谓"集体行动问题"的不利影响。如果每个人都能与大家一起分享自己的高见,那么所有人都会受益。但没有人有动力将自己的大量精力花费在推动这种学习上。所有人都希望别人去这样做。

考虑到这诸多的挑战,要想在你的组织中培养优秀的谈判能力你需要做些什么呢?下面提出的五种措施可能是你很好的开端:

➢ **采用共同的语言。**如果能够在整个组织的范围内实施一个好的培训计划,那么不仅组织的谈判能力会得到提高,而且它还会为谈判人员提供一种通用的语言,从而使他们组织起来去应对各种谈判并分享各自

第六章

的高见。当然,我们这里还要再次指出,最关键的一点还是要提供一个能够满足我们在前面所提出的标准的培训计划。否则的话,平庸就会成为一种习惯。

> 将师徒帮带关系制度化。和大多数的艺术一样,在组织的环境下,学习谈判技巧的最好方式之一便是让新手去向老手学习。大部分的谈判密集型组织都有正式或非正式的师徒帮带体系。通常情况是,年轻、经验欠缺且又非常好学的谈判人员要花费大量的时间做一些分析工作,一般是作为谈判团队的一员来协助首席谈判人员。这既培养了这些新手的分析能力,又能使他们在一种低风险的环境下从谈判老手的工作中观察并学到一些东西。最终,如果他们能证明自己是有价值的,那么以后都会成为他们各自协会的正式成员。这种类似师徒关系的体系在许多组织(从华尔街的投资银行到美国国务院)中都已经被制度化了。

> 要求进行谈判后的分析。为了克服人们喜欢跳过学习这一步的这种倾向,你必须要求进行谈判的事后分析,并辅之以适当的奖惩措施。如果说因为太忙就没有时间去学习,那么谈判能力就永远不会得到提高。但是,要想克服掉组织中存在着的妨碍反思和分享由此所产生的见解的强大阻力的确是一项艰巨的挑战。因此,对于企业的领导者来讲,做到言行一致是非常关键的,他们应该提供一些具体的学习程序。另外,还应该定期地进行一些质量控制检查,以确保这一程

序能被真正实施，而不只是停留在口头上。

➢ **使用共同的模板。**在罗伯特·艾洛和我对私有企业采用的谈判体系所作的一次研究中，我们发现最佳的谈判体系都将谈判后的分析所得到的结果系统地编入了书面指导意见中。这些"谈判模板"通常都包括用于指导交易条件分析和尽职调查（due diligence）的清单。极为关键的一点是，这一模板是"活的"，也就是说有人要负责对其进行更新和改进。

➢ **将组织中个人的动力协调起来。**最后，如果组织中的个人缺乏学习的动力，那么要想实现组织范围内的学习是不可能的。但是，不同组织实现这种动力协同性的难度是不同的。在私有企业中，合伙人有共同的动力，他们都希望公司表现得非常出色。在这种环境下，将提高集体谈判能力的努力制度化就更容易些。各国的外交部就都属于这种情况，"国家的利益"就是它们所追求的目标。但是，在其他的一些谈判密集型组织中，这一问题就具有较大的挑战性了。例如，在销售组织中，为了实现销售额目标，获得物质的奖励和职位的晋升，销售人员经常是明争暗斗。这无疑为知识的共享制造了难以逾越的障碍。而克服这些障碍的唯一途径就是动力体系，从而使得最好的谈判人员感觉到自己值得为集体能力的构建贡献自己的力量。

第六章

总结性评论

在我们所讨论过的四个战略性谈判原则中,作好准备,提升自己是最难做到的一个。无论是个人学习还是组织学习所遇到的障碍都是难以逾越的。面对每天繁杂的事务,花费时间和精力来提升自己很容易成为最不被你所关心的任务。

这是一个问题,但同时也是一个机会,因为如果你能够为你个人和你所在的组织把这件事情做好的话,那么你将会创造一个竞争优势的来源。正是因为这一任务非常艰巨,才使得学习并提升自己如此有价值。在当代关于企业战略的著作中,难以复制的能力已经被看成是可持续竞争优势的一种源泉。如果不发展,企业就会和其他竞争对手倒在同一个地方。

谈判人员清单

你是否已经为自己制定了一条纪律,即在谈判过程中要进行反思?

在每次重大的谈判后,你是否都要进行严格的谈判后分析?

你是否已经找到并参加了一些好的谈判培训班?

如果你是一个谈判密集型组织的领导,那么你会怎样做来提高组织的能力?

为了推动组织的学习,你能做些什么?采用一种共同的语言,要求必须进行谈判后的分析,创造共享且不断更新的共同模板,以及将组织中个人的动力协调起来等手段是否会起到帮助作用?

结　　语

为了成功地实现向有挑战性的新职位的转型,你必须做到自如地应对各种谈判。你要利用的几个关键的能量来源(包括你的上司、你的团队、你的同级别人员以及其他利害关系人)不会自我调动起来,你必须去激活他们,说服他们支持你。因此,新领导者在谈判及其相关领域(如影响和建立联盟)等方面的技能是他们需要培养的最重要因素。

本书所提出的四条战略原则为新领导者在各种形势下进行有效的谈判提供了一个坚实的基础。首先要从详尽地对形势进行分析开始,确认关键的谈判方、谈判议题、谈判层次以及各种关联。然后,将你的谈判战略与形势相匹配。关键的一点是要意识到,没有一个对所有谈判都普遍适用的方法。

一旦你和谈判对手开始进行面对面的谈判,一定要记住要制订计划以了解和影响对方。你的谈判对手是如何看待

结语

他们的利益和他们所面临的选择的？他们的需求是什么？他们面临着哪些约束条件？他们愿意作哪些交易？利用你所了解到的这些情况，再加上你对你自己的利益和所面临的选择进行的分析来得出什么是至关重要的，并以一种对你有利的方式影响其他人的看法。

在你向新领导职位转型的时候，一定要提前预见你所要参加的谈判并对其进行引导。记住，影响谈判结构的能力是区分伟大的谈判家和优秀的谈判家的重要标志。拥有这种能力意味着要能够对于将哪些人牵扯进谈判中施加影响，并能够设定一个合理的议事日程，从而增加创造价值和获取价值的机会。这也意味着要通过谈判桌以外的单方面的行动和谈判桌旁的协商两种途径来做到这一点。

在这个过程中，不要忽视提升谈判能力的重要性，这种能力既包括个人的，也包括组织的。要尽量将谈判中的反思和谈判后的分析形成一种纪律并为此创建一种支持模板。如果你在领导一家谈判密集型组织，那么你就要努力通过采用共同的语言、将师徒帮带关系制度化、要求进行谈判后的分析、使用共同的模板，以及将组织中个人的动力协调起来等手段克服这些障碍。

最后，让我们好好享受一下通过学习成为一名更优秀的谈判人员的美妙体验吧。本书中所描述的技能绝对不是很容易就能够掌握的。要想成为一名更优秀的谈判人员，需要时间，需要训练，也需要对挫折的合理程度上的忍受力。但是，如果能够做到这些，那么对于你和你所负责的谈判也是有着非常大的好处的。你将不仅能够实现向新角色的有效转型,还能够在你未来所经历的每一次谈判中做得更为出色。

注　释

导言

1. Richard Walton 和 Robert McKersie 在其一篇有着开创性意义的关于谈判的著作中,对于所谓分配性谈判和综合性谈判进行了重要的区分。他们还指出,谈判可以既是分配性的,又是综合性的,他们称这种谈判是具有混合动机的;参见 R. E. Walton and R. B. McKersie, *A Behavioral Theory of Labor Negotiations: An Analysis of a Social Interaction System* (New York：McGrawhill, 1965),第 2、3、4、5 章。在 *The Art and Science of Negotiation* 一书中, Howard Raiffa 为理解多议题谈判的价值创造和价值分配方面的问题进一步奠定了分析的基础(Cambridge, MA：Belknap Press of Harvard University Press, 1982)。在 *The Manager as Negotiator* 一书中, David Lax 和 Jim Sebenius 重新对混合动机谈判进行了定义。他们认为谈判体现着两个并行的过程,一个是"创造价值"的过程,一个是"主张价值"的过程。"谈判者应该关注谈判的动态方面,即创造价值和主张价值的过程。"(254 页)"价值创造和价值主张是谈判中相互关联的两个部分。这两个过程都是在进行当中的。无论有多少创造性地解决问题的方法将双方所得到的利益扩大,这些利益都要被分割;创造出来的价值也必须得到主张。"(33 页)参见 D. A. Lax and J. K. Sebenius, *The Manager as Negotiator* (New York：Free Press, 1987)。

2. S. Matthews and M. Watkins, "Strategic Deal-making at

注释

Millennium Pharmaceuticals," Case 800-032. (Boston: Harvard Business School Publishing, 2000), 12.

3. R. Callucci, 与本书作者的会面, Cambridge, MA, August 2000。

第一章

1. 要想了解早期人们在研究谈判的结构方面所做的工作, 参见 H. Raiffa 所撰写的 *The Art and Science of Negotiation* (Cambridge, MA: Belkap Press of Harvard University Press, 1982) 的第一章。如果希望看到一个得到了进一步发展的框架, 参见 J. K. Sebenius, "Negotiation Analysis: A Characterization and Review," *Management Science* 38 (1992): 18-38。这一框架是建立在 M. Watkins 所提出的框架的基础之上的, 参见 "Shaping the Structure of Negotiations," Program on Negotiation Monograph M98-1, Program on Negotiation at Harvard Law School, 1998。

2. 在 *Getting to Yes* 一书中, Roger Fisher 和 William Ury 强调了关注选择的重要性。参与谈判的各方应该十分清楚, 一旦各方之间无法达成任何协议, 那么他们应该怎么做。同时, 他们应该尽力寻求更多更可靠的选择。Fisher 和 Ury 还发明了一个术语 BATNA (即 Best Alternative to a Negotiated Agreement, 替代协议的最佳选择) 来强化这种理念。这是一个非常重要的理念, 但我觉得 BATNA 这个词很别扭, 因此就没有使用它。参见 R. Fisher, W. Ury, and B. Patton, *Getting to Yes: Negotiating Agreement Without Giving In*, 2nd ed. (New York: Penguin Books, 1991)。

3. William Ury, *Getting Past No: Negotiating with Difficult People* (New York: Bantam Books, 1991).

4. R. J. Aiello and M. D. Watkins, "The Fine Art of Friendly Acquisition," *Harvard Business Review*, November-December 2000.

注释

5. Roger Fisher 和 William Ury 对于立场和利益进行了很关键的区分。参见 Fisher, Ury, and Patton, *Getting to Yes*。如果想了解关于过分固守立场和决策中出现的其他一些偏见，以及它们对于谈判所产生的影响的讨论，参见 M. H. Bazerman and M. A. Neale, *Negotiating Rationally* (New York: Free Press, 1992)。

6. 正如 David Lax 和 Jim Sebenius 所说,"价值创造和价值主张是谈判中紧密联系的两个部分。两个过程都在进行中。无论创造的问题解决方式将这张饼扩大了多少，它都要被分割；创造出来的价值必须得到主张"。参见 D. A. Lax and J. K. Sebenius, *The Manager as Negotiator* (New York: Free Press, 1987), 33。

7. William Zartman 和 Maureen Berman 认为谈判要经历三个阶段：分析阶段、方案阶段和细节阶段。参见 I. W. Zartman and M. Berman, *The Practical Negotiator* (New Haven, CT: Yale University Press, 1982)。

8. 参见 Raiffa, *The Art and Science of Negotiation*。

9. 要想了解关于谈判中价值主张策略的深入讨论，参见 Lax 和 Sebenius 合著的 *The Manager as Negotiator* 一书的第二章。

10. 这一术语是 Lax 和 Sebenius 使用的，参见 *The Manager as Negotiator*, 94。如果想了解关于拆包问题的一个详细的讨论，参见该著作的第五章。

11. 参见 D. A. Lax and J. K. Sebenius, "Thinking Coalitionally: Party Arithmetic, Process Opportunism and Strategic Sequencing," in *Negotiation Analysis*, ed. H. P. Young (Ann Arbor: University of Michigan Press, 1991)。也可参见 J. K. Sebenius, "Sequencing to Build Coalitions: With Whom Should I Talk First?" in *Wise Choices: Decision, Games, and Negotiations*, eds. R. J. Zeckhauser, R. L. Keeney, and J. K. Sebenius (Boston: Harvard Business School Press, 1996)。如果想了解关于议题排序与联盟组成之间的关系的精彩讨论，参见 W. H. Riker, *The Art of Political*

注释

Manipulation (New Haven, CT: Yale University Press, 1986)。

第二章

1. 这种模式既解释了谈判结构对于谈判过程所产生的影响,也解释了谈判过程对谈判结构所产生的影响。这种模式的一个早期版本参见 M. Watkins, "Shaping the Structure of Negotiations," Program on Negotiation Monograph M98-1, Program on Negotiation at Harvard Law School, 1998。Walton、Mckersie 和 Cutcher-Gershenfeld 构建了一个相关的框架,从影响谈判者的选择的力量方面和包括了谈判策略、谈判过程以及谈判结构的交互体系方面对谈判进行了分析。参见 R. Walton, R. McKersie, and J. Cutcher-Gershenfeld, *Strategic Negotiation: A Theory of Change in Labor-Management Relations* (Boston: Harvard Business School Press, 1994)。而 Sebenius 不仅从谈判结构、谈判人员以及谈判背景等方面对谈判进行了分析,也从创造和主张价值所遇到的障碍和机会的角度对谈判进行了分析。参见 J. Sebenius, "Introduction to Negotiation Analysis: Structure, People, and Context," Note 896-034 (Boston: Harvard Business School, 1996)。

第三章

1. 关注谈判中达成协议所面临的障碍这一问题是由 Kenneth Arrow、Robert Mnookin、Lee Ross、Amos Tversky 和 Robert Wilson 等人在其编写的 *Barriers to Conflict Resolution* (New York: W. W. Norton, 1995) 一书中提出的,这本书对于冲突持续存在的原因进行了一次重要的跨学科的分析。Sebenius 则在谈判的结构、参与人员、背景以及创造和主张价值的障碍和机会等方面对谈判进行了分析。

2. 这个概念性的框架最早提出于 M. Watkins and K. Lundberg, "Getting to the Table in Oslo: Driving Forces and Channel

Factors," *Negotiation Journal* 14, no 2 (April 1998)。

3. 参见 C. W. Moore, *The Mediation Process* (San Francisco: Jossey-Bass, 1996)。也可参见 J. Bercovitch and J. Z. Rubin, *Mediation in International Relations: Multiple Approaches to Conflict Resolution* (London: Macmillan, 1992); and M. Watkins and K. Winters, "Interveners with Interests and Power," *Negotiation Journal* 13, no. 2 (1997)。

4. 如果想了解差异是如何作为联合收益的一个潜在源泉的详细讨论,参见 J. K. Sebenius 所撰写的 *Negotiating the Law of the Sea* (Cambridge, MA: Harvard University Press, 1984)一书的第五章和 D. A. Lax 与 J. K. Sebenius 合作撰写的 *The Manager as Negotiator* (New York: Free Press, 1987)一书的第五章。

5. Walton 和 McKersie 最早观察到,当谈判者参与到具有若干动机的谈判中时,通常会出现一种紧张状况:"实际上,在每个转折点,谈判者都会陷入到一种困境之中。"参见 R. E. Walton and R. B. McKersie, *A Behavioral Theory of Labor Negotiations: An Analysis of a Social Interaction System* (New York: McGraw-Hill, 1965), 183。Lax 和 Sebenius 则认为价值创造与价值主张之间在战略上的这种紧张关系是谈判的核心。参见 Lax 和 Sebenius 所撰写的 *The Manager as Negotiator* 一书的第二章 "The Negotiator's Dilemma"。

6. 参见 R. Putnam, "Diplomacy and Domestic Politics: The Logic of Two-Level Games," *International Organizations* 42, no. 3 (1988):427-460。也可参见 *The Manager as Negotiator* 一书的第 17 章。

7. 委托人—代理人问题在 Arrow 等人所编写的 *Barriers to Conflict Resolution* 一书的第一章中得到了讨论。也可参见 J. W. Pratt and R. J. Zeckhauser, eds., *Principals and Agents: The Structure of Business* (Boston: Harvard Business School Press, 1985)。

注释

8. Walton 和 McKersie 在 *A Behavioral Theory of Labor Negotiations* 一书中提出了一个组织内部谈判的模型,并在第八章和第九章中讨论了组织内部谈判与外部谈判之间的相互关系。"进行劳动谈判的组织对于它们希望从谈判中取得什么样的目标通常无法在其内部达成一致意见……通常来讲,在组织与另外一家公司进行谈判时,这些内部的冲突必须得到解决……这两个过程(不同组织间的谈判与同一组织内部达成一致的过程)不总是相互促进的。事实上,它们更多地是相互对立的:一项能够实现组织内部一致性的策略可能对于与其他组织的分散性讨价还价(distributive bargaining)来说是无益的;而一项能够解决内部冲突的行为可能也会与整体性讨价还价(integrative bargaining)的要求相悖;等等。"(pp. 281-282)Putnam 在 "Diplomacy and Domestic Politics" 一文中分析了这些关系的作用机理。也可参见 G. T. Allision, *Essence of Decision: Explaining the Cuban Missile Crisis* (Boston: Little, Brown, 1971);以及 Lax 与 Sebenius 合著的 *The Manager as Negotiator* 一书的第十七章。

9. 要想了解更多的对于官僚政治及其对决策制定的影响的讨论,参见 Allison, *Essence of Decision*;也可参见 F. C. Ikle, *How Nations Negotiate* (Millwood, NY: Kraus, 1964)。

10. 正如谈判分析领域的一位创始人 Howard Raiffa 曾经指出的那样,"当有新的一方加入到一个双方谈判中时,情况会变得非常复杂,因为这时出现了一个新的重要概念,那就是联盟"。参见 H. Raiffa, *The Art and Science of Negotiation* (Cambridge, MA: Belknap Press of Harvard University Press, 1982), 257。

11. 参见 D. A. Lax and J. K. Sebenius, "Thinking Coalitionally: Party Arithmetic, Process Opportunism and Strategic Sequencing," in *Negotiation Analysis*, ed. H. P. Young (Ann Arbor: University of Michigan Press, 1991)。

12. 同上。

13. 参见 D. Krackhardt and J. R. Hanson, "Informal Net-

works: The Company Behind the Chart,"*Harvard Business Review*, July-August 1993。也可参见 R. B. Cialdini, *Influence: The Psychology of Persuasion* (New York: William Morrow, 1993)。

14. 参见 J. K. Sebenius, "Sequencing to Build Coalitions: With Whom Should I Talk First?" in *Wise Choices: Decisions Games, and Negotiations*, eds. R. J. Zeckhauser, R. L. Keeney, and J. K. Sebenius (Boston: Harvard Business School Press, 1996)。

15. 用 Owen Harries 的话来说,"向那些改变信仰者进行布道绝对不是一件多余的活动;相反,它是非常重要的。布道者们每个周末都要从事这件事。提高那些与你处于同一阵线的人的忠诚度和士气,增加他们的知识水平,是一项十分关键的任务。这样既可以使他们更愿意为这项事业奋斗,同时也会使他们变成该事业的更有效能的拥护者"。参见 O. Harries, "A Primer for Polemicists," *Commentary* 78, no. 3 (1984): 57-60。

16. 这些观点来自 M. Watkins and S. Passow, "Analyzing Linked System of Negotiations," *Negotiation Journal* 12 (1996)。当出现下列情况时,一系列相互独立的谈判便成为一个相互联系的系统:

> 当系统中的每个谈判都与另外的至少一个谈判相互联系时;
> 当由于一个谈判的存在或是该谈判中所发生的事件抑或是该谈判的结果使得另一个谈判中的至少一个谈判方的行为受到实质性影响时。

谈判之间的联系要么是由这一谈判系统中的某些谈判方所造成的,要么是由一些系统外部的力量强加的,这些外部力量包括法律、风俗习惯、组织程序、原有的关系以及资源的约束等。

第四章

1. 群体动态(group dynamics)领域的先驱 Kurt Lewin 在驱动

注释

力量和束缚力量这一观点的基础之上提出了一个社会变革的模型。在这一模型中，Lewin的一个基本见解是，人类的集体，包括群体、组织和国家，是处于两种力量互相争斗中的一个社会体系，一种是渴望变革的力量，一种是抵制变革的力量："（一个社会体系的行为是）……众多力量的结果。一些力量是相互支持的，一些力量是相互抵触的。一些是驱动力量，一些是束缚力量。如同一条河的流速一样，一个群体实际所表现出来的行为取决于这些相互冲突的力量达到的均衡状况。"K. Lewin, *Field Theory in Social Science*; *Selected Theoretical Papers* (New York: Harper & Row, 1951)173。

2. R. Fisher, *International Conflict for Beginners* (New York: Harper and Row, 1970).

3. 参见 P. N. Johnson-Laid, *Mental Models* (Cambridge, MA: Harvard University Press, 1983)。

4. 参见 E. Goffman, *Frame Analysis: An Essay on the Organization of Experience* (Cambridge, MA: Harvard University Press, 1974)。

5. 参见 K. L. Valley and A. T. Keros, "It Takes Two: Improvisation in Negotiation,"工作文件草案, Harvard Business School, Boston。

6. 参见 Robert J. Robinson, "Errors in Social Judgement: Implications for Negotiation and Conflict Resolution, Parts 1 and 2," Note 897-103 and 897-104 (Boston: Harvard Business School, 1997)。

7. 想要了解关于锚固效应的讨论,参见 M. H. Bazerman 和 M. A. Neale 所撰写的 *Negotiating Rationally*(New York: Free Press, 1992)一书的第四章。

8. 参见 H. Raiffa 所撰写的 *The Art and Science of Negotiation* (Cambridge, MA:Belknap Press of Harvard University Press, 1982)一书的第十一章。

注释

9. 参见 P. G. Zimbardo 和 M. R. Leippe 所撰写的 *The Psychology of Attitude Change and Social Influence*（New York：McGraw-Hill，1991）一书的第四章。

第五章

1. Sun Tzu，*The Art of War*，Special Edition（El Paso，TX：El Paso Norte Press，2005），11.

2. M. Watkins，M. Edwards，and U. Thakrar，*Winning the Influence Game：What Every Business Leader Should Know About Government*（Hoboken，NJ：John Wiley & Sons，2001），58.

3. M. Mitchell，*Propaganda，Polls，and Public Opinion*（Englewood Cliffs，NJ：Prentice-Hall，1970），111.

第六章

1. 参见 G. Klein，*Sources of Power：How People Make Decisions*（Cambridge，MA：MIT Press，1999）。

2. 在 Klein 所撰写的 *Source of Power* 一书中详细地介绍了方式识别和思维刺激对于进行专业的判断所起到的重要作用。

3. 参见 C. R. Christensen，"Premises and Practices of Discussion Teaching," in *Education for Judgement：The Artistry of Discussion Leadership*，eds. C. R. Christensen，D. A. Garvin，and A. Sweet（Boston：Harvard Business School Press，1991）。

4. 将行动中的反思作为具有高超谈判技能的标志的观点在下文中得到了详细的论述：D. A. Schon，*The Reflection Practitioner：How Professionals Think in Action*（New York：Basic Books，1983）。

5. G. Klein，*Sources of Power：How People Make Decision*（Cambridge：MIT Press，1998），42.

6. 同上，42 页。

注释

7. Polanyi 指出了明确型知识和含蓄型知识间的差异,还为了理解经验的含义提出了解释性框架的概念。参见 M. Polanyi, *Personal Knowledge: Toward a Post-Critical Philosophy* (Chicago: University of Chicago Press, 1958)。

推 荐 阅 读

如果你需要一本好的谈判教材以便对该领域有一个大致的了解,那么我推荐:

Lewicki, Roy. *Essentials of Negotiation*. Alexandria, VA: Society for human Resource Management, 2005.(这是最新版)

然后,再读读下面这些经典:

Carnegie, Dale. *How to Win Friends and Influence People*. New York: Simon and Schuster, 1936.

Fisher, Roger, William Ury, and Bruce Patton. *Getting to Yes: Negotiating Agreement Without Giving In*. New York: Penguin Books, 1991.

Ury, William. *Getting Past No: Negotiating with Difficult People*. New York: Bantam Books, 1991.

如果你喜欢费希尔、尤里和巴顿等人所代表的学派的思想,可以阅读下列关于冲突管理方面的著作:

Fisher, Roger, Elizabeth Kopelman, and, Andrea Kupfer Schneider. *Beyond Machiavelli: Tools for Coping with Conflict*. Cambridge, MA: Harvard University Press, 1994.

Stone, Douglas, Bruce Patton, and Sheila Heen. *Difficult Conversations: How to Discuss What Matters Most*.

推荐阅读

New York：Viking，1999．

想大概了解一下人们对"游戏"的思维方式，请阅读：

Dixit，Avinash K．，and Barry J．Nalebuff． *Thinking Strategically：The Competitive Edge in Business，Politics，and Everyday Life*．New York：Norton，1991．

想了解关于谈判分析学方面的介绍，可以阅读：

Hammond，John S．，Ralph L．Keeney，and Howard Raiffa． *Smart Choices：A Practical Guide to Making Better Decisions*．Boston：Harvard Business School Press，1999．

想拥有深入的了解，请阅读：

Lax，David A．，and James K．，Sebenius． *The Manager as Negotiator*．New York：Free Press，1987．

Raiffa，Howard． *The Art and Science of Negotiation*．Cambridge，MA：Belknap Press of Harvard University Press，1982．（对数学不感兴趣的读者，可以只看该书每一章的前半部分）

想深入了解谈判心理学方面的知识，请阅读：

Bazerman，Max H．，and Margaret A．Neale． *Negotiating Rationally*．New York：Free Press，1992．

Cialdini，Robert B． *Influence：The Psychology of Persuasion*．New York：Morrow，1993．

Rubin，Jeffrey Z．，Dean G．Pruitt，and Sung Hee Kim． *Social Conflict：Escalation，Stalemate，and Settlement*．New York：McGraw-Hill，1994．

想对谈判伦理学有一个综合而全面的了解，请阅读：

Menkel-Meadow，Carrie，and Michael Wheeler，eds.

What's Fair：Ethics for Negotiators. San Francisco：Jossey-Bass，2004.

如果你对国际谈判感兴趣，请阅读：

Brett，Jeanne M. *Negotiating Globally：How to Negotiate Deals，Resolve Disputes，and Make Decisions Across Cultural Boundaries*. San Francisco：Jossey-Bass，2001.

Iklé, Fred Charles. *How Nations Negotiate*. New York：Praeger，1964.（该领域的一部经典）

Salacuse，Jeswald W. *Making Global Deals：Negotiating in the International Marketplace*. Boston：Houghton Mifflin，1991.

Watkins，Michael，and Susan Rosegrant. *Breakthrough International Negotiation：How Great Negotiators Transformed the World's Toughest Post-Cold War Conflicts*. San Francisco：Jossey-Bass，2001.

最后，如果你对人们研究谈判行为的历史感兴趣，请阅读：

Allison, Graham T. *Essence of Decision：Explaining the Cuban Missile Crisis*. Boston：Little，Brown，1971.

Rapoport，Anatol. *Fights，Games，and Debates*. Ann Arbor：University of Michigan Press，1960.

Schelling，Thomas C. *The Strategy of Conflict*. Cambridge，MA：Harvard University Press，1960.（尤其是第三、四两章）

Walton，Richard E,，and Robert B. McKersie. *A Behavioral Theory of Labor Negotiation：An Analysis of a Social Interaction System*. New York：McGraw-Hill，1965.

作者介绍

迈克尔·沃特金斯（Michael Watkins）是领导力与谈判领域的专家。他是欧洲工商管理学院的教授，Genesis Adviser 公司（一家领导力战略咨询机构）的创始合伙人。沃特金斯博士是国际畅销书《最初的 90 天——新领导实现成功的重要战略》(The First 90 Days: Critical Success Strategies for New Leaders at All Levels) 的作者，《未雨绸缪——可预见的危机及其防范》(Predictable Surprises: The Disasters You Should Have Seen Coming and How to Prevent Them) 和《初来政府工作的 90 天》(The First 90 Days in Government) 的合著者。他还是《商业谈判大突破:经理人百宝箱》(Breakthrough Business Negotiation: A Toolbox for Managers) 的作者，《国际谈判突破:伟大的谈判家如何扭转了全球最棘手的后冷战冲突》(Breakthrough International Negotiation: How Great Negotiators Transformed the World's Toughest Post-Cold War Conflicts)、《赢得权力竞赛:每位商业领导者该对政府有哪些了解》(Winning the In-

作者介绍

fluence Game：What Every Business Leader Should Know About Government）以及《从头开始：担任新领导角色》(Right from the Start：Taking Charge in a New Leadership Role）等书的合著者。

沃特金斯博士曾为几家一流的学术研究机构设计并教授谈判课程，包括肯尼迪政府学院、哈佛商学院、哈佛法学院谈判项目以及欧洲工商管理学院。他还在许多一流的公司和政府机构教授定制化的谈判培训课程。沃特金斯在滑铁卢大学获得了电子工程学的学位，在西安大略大学从事研究生工作，在哈佛大学读完了其决策科学博士学位。在1991—1996年，他任教于哈佛肯尼迪政府学院；而在1996—2003年，他任教于哈佛商学院。

译 后 记

拿到这本书的英文版后，我感觉到身上加了一副很重的担子。这不仅因为本书的作者是大名鼎鼎的迈克尔·沃特金斯，更因为本书所具有的极强的可操作性和指导意义——我深信本书对于绝大多数刚刚步入新的领导职位的人来说都大有裨益——如果不能将本书的内容精准地翻译出来，传递给广大的读者，无疑是一个严重的罪过。而既然从商务印书馆这样一个优秀的出版社接受了这样一个光荣的任务，那么我只能是不辱使命，尽我最大的努力去做好这项工作。经过几个月的艰苦劳动，今天终于得以付梓，而且质量也得到了商务印书馆的认可，我自然深感欣慰。我要感谢我的三位朋友为本书所付出的努力——他们参与了某些章节的翻译和审校工作——正是他们的无私帮助和密切配合才使得本书的翻译工作进展得如此顺利。他们是陈海燕、刘璐和韩军。当然，由于原文中存在着不少的专业词汇，加之我们毕竟知识有限，错误和不妥之处在所难免，恳请读者不吝赐教，斧正谬误。

李 黎 明
2007 年 12 月于中国地质大学